Sopas

ALMOREJO
APARTADA
ARTICULAR
AUCTORIZAR
CALLAR
CASTAÑAZO
CHASQUEAR
COLEGIALISTA
CUMULO

DEFINIDO
ENMALLE
ESPACHURRAR
EXISTENCIA
GARRAFAL
HIGADO
INFANTIL
LANUGINOSA
LATIGUEAR

LINFATICA
LORIGON
PANCREA
PITAGORICA
QUINQUE
SEDE
SICOTERAPIA
SILO
SOLICITACION

```
A C N S A R S A T I K E O O Z O L A A O
I D O O E A P I U Q N L L L P D I S C Z
C J G H R L E P N N L I U A T I O I A Ñ
N D I R C U S P A L O W A S M A G N T A
E T R J N C S P R O Q V M N U D I A I T
T F O M A I A E M Q U N S C F H F G F S
S S L W P T C T I R T E Z P F O N U N A
I E P F I R H O J T G L B A O R I N I C
X D L D V A U C J Y A A B E C C Q A L A
E E K D I E R I H G C T A K B U T Y R L
D A V T Y S R S P I F I C A L L A R K Q
G E F A R Y A W R Y Q G E B T L Y N O U
R X F C U V R O Z Q G U T U L O N C G N
G W G I D H G Q K J S E I Z Q I F U Y D
U D Y O N A P X F L E A Q T O N S W I C
T X S Z T I B N K N V R G H W A I P C M
Y U S I E G D S M K B X H E I P C U E E
S E P E A Y Z O F O P Q S C G F V J Q U
R H N A L M O R E J O Y V I F R O V C B
I U C O L E G I A L I S T A M L C C A P
D J E O L C H A S Q U E A R G H D E W K
H L J E F H E W B B A P A R T A D A X W
R A Z I R O T C U A V U Y H F B E V D Y
N O I C A T I C I L O S W Y G I Y I S L
L A F A R R A G I I K N V A D Y V I H K
```

④

ALCABOTA
AZUZAR
BOTOCUDO
BUHARDILLA
CEBOLLAR
CERILLERA
DESPROPOSITADA
DOBLAJE
ENSILVECERSE

ENTERITIS
ESTUFIDO
FEFERES
FIBIELLA
HONCEJO
MARSUPIAL
MILLON
OLOROSA
ORGANICISMO

PAR
PESADA
RASTREADOR
RETIRAR
ROCIADOR
SUDAMERICANO
TRASDOBLO

```
F A L O A Z C A Z U Z A R G T C U P N C
Y L K M S D O B L A J E H Q R L T C O W
B L J S O I S I R A S T R E A D O R L I
N E U I R G U C B Z O R Y S M O Q R L O
S I K C O R D P V V G T C E D A J K I O
E B Q I L M A O A S T U F L O R O N M U
N I S N O A M L I R K L E G B S F E G Z
T F G A H C E P J N Z M J O L U V S J O
E T I G V K R P W A J X G T O P K T V J
R D V R A N I E H K L R N U L I Y U B X
I G E O K E C K S K J C O Q R A Y F T Q
T T S S U T A E S F X B A C M L Z I Y S
I N H A P B N I N A E W G B I E J D O P
S N T J R R O L H S M F G N O A Y O A F
G M S L L E O I T M I W E B X T D D A D
W J L Q L L P Z A J L U R J G A O G R L
M O N R Y W Z L O K O H V X E S L N R C
S Y N T C C M R I S A T P E E S G E K S
O D U C O T O B A R I D H P C F D P X K
M V K Q G J Q F D R E T V T X E K P S O
Z L V Q E S P I Q O I C A C A R R T U M
X K Y C C I L Q Z Z W T U D T G K S Z R
G M N Z H L V P F A H H E F A G F D E C
L O P K A I U L K B Y K M R C A S G V V
H L X C E B O L L A R V M W T Z A H J W
```

ABARQUERO	EROSION	PERFECTO
BERENJENIN	EXPUESTA	RELAMIDA
BIRREACTOR	FAQUIR	ROTULIANA
CENESTESICO	GROSA	SAMPAGUITA
CEPREN	GURBIO	TRIPERIA
COMETEDOR	INDEFINIDO	UMBRIA
CUCAÑERO	MIGRAÑA	UNIFAMILIAR
DESBORRAR	MONOFISITA	VOLADIZO
ENTORTIJAR	PACIENTE	

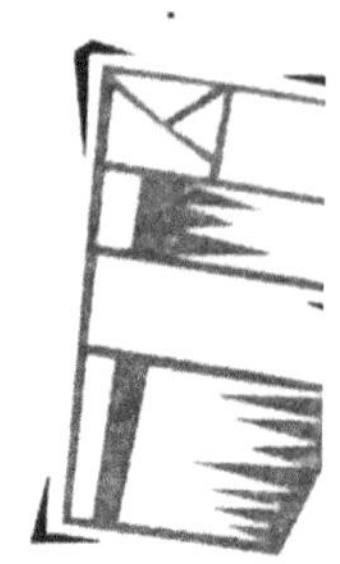

```
J G T Q R O C E N E S T E S I C O
G E D F S R S G F B W G A G N V U
N X P D K E Y M O N O F I S I T A
B L Z E K Ñ O I H Q M Y J W P K Z
T E P R Y A D E S B O R R A R X H
L T R V O C R A Y Z G Q F D K N U
P R M E S U W Z T J U X M F H K D
B W R S N C J W A I D R E L A M I
I I U O M J Z O W R U F O F X A T
Z U R F T O E Y I J O G H G Q E G
N P I R S U N N L B R D A M A V X
V F L W E U L O I A R V E P W U G
G T N F M A A I I N A U X T M V C
P P T B R Ñ C L A S O G G T E A E
M A R S A H I T P N O Y R U N M S
G I C R R M B T O S A R A F H G O
A H G I A A M U P R N T E E Y G M
K I F F E U J I N D E F I N I D O
M U I P K N I I C A B A R Q U E R
K N O O W C T H M M O F F Y J O
U H D G R F N E E R E C R L F O X
U H S Q O Y Z J T L O P M G R O S
P C Q G H M E Q G H S T I N V J W
A T S E U P X E Y Z C H N L Q A C
O T C E F R E P K Q A K U E L O C
```

6

ACUÑADORA
AINDIADO
ANDITO
APRETAR
BARATO
CAÑAHUATE
CASTRAMETACION
CONNIVENTE
CUEVA

DERRISION
ENCLAVADO
ENSERAR
EVANGELICO
EXTIRPACION
FUMOROLA
GORDINFLONA
HERRADERO
IRRECUPERABLE

KELVIN
MURAR
NACION
PALITO
PULPO
SEDA
TIZNADO
TUBO
VISORREINO

```
O E T S C N G Z E O C A Ñ A H U A T E O
D L O T I O Y A U T O F Y L T O H K B D
A B L B Q O A C B I J X Y C N R D F L A
V A N M U J V B P D E Z K G J C H D J N
A R L O E T L I U N B A V M X U O A X Z
L E A F I D D O S A D C M E P E X R P I
C P F X V C Q N R O M A M D T V N Z U T
N U F T A Y A A O U R M C N X A P O L J
E C H W Q I T T R I X R N U O W T H P D
S E D A W O N A E W C E E R Ñ K P D O C
P R E W Q F R D C M G A E I J A M I T I
G R P A L I T O I C A D P L N S D D L Q
R I T I B M I W W A A R G R Y O N O W F
R A R E S N E Z N R D O T R I U R J R X
E B E M C D G O R Y R O L S Y T E R E A
V K K M N I Z E X D A R S Y A T X O J W
A S O T A V H A I K H X X D N C V E Y F
N B M F M I B N E P J V E E J N N B U R
G A X P F H F L R N R V B I K B M A L
E H K W W L V Y A Z R I P M S X O T M C
L L G X O I S C B I N I M Z T R E Z C H
I G F N N P I T S N O S F T O R J D S H
C T A D O O K I O V B I O L P A Q M W F
O Z D A N J O C W P S M A A G L H N B N
S T F R O N L V E N O S Y A X I K C M N
```

ALEGADORA
APERGAMINADA
ARROLLABLE
ASCO
CRITICO
DECESOR
DEMOSTRATIVA
DESLUSTRADORA
EMBLANQUICION

ENCONTRADA
ESOPICA
GEMINADA
GOLPETAZO
JURAMIENTO
LIMON
LITISCONSORTE
LLENO
LUCIDURA

MODELO
PERFUMADOR
PISTADERO
PLAN
RAYADURA
REYAR
RUSTICAMENTE
SABELICO

```
R O A O P O O E A X O A B R N T A A L Q
Y C R C G N Z L D R T Y I O O I R D A M
H S O I D E A B A Z N N S I T U A N C T
M A D L F L T A N O E R H E C L D R X K
T A A E K L E L I T I U M C I W A T C K
U O R B L H P L M O M S E E U X Y N J S
X J T A Y Q L O E S A T Q D Q D A O Z E
V V S S E L O R G H R I M R N Z R C S S
B M U F I S G R M O U C N R A E U N S O
C A L A X F B A S O J A B L L O B E A P
Y L S W R Y E N L Y T M W A B P R V P I
A L E B A R O E M H T E N B M A I I C C
A E D K I C D V Q Q D N Y O E T S P D A
Y T Y V S O S J M J T T I A A T E P L H
G L X I M T D A N Y N E P R A R E E G N
A N T I K I Y Z T M Z E T D F W G K T X
B I C H R W M T P M R S E U B A H N G J
L T H S P B J R K G O R M A D S J T C F
A R U D I C U L A M O A U O D G F H R J
V C J J F Y W M E N D V R F C H J U I D
D H S J S W I D F O A A P L Z R J C T B
O X X P G N C O R C S L I G E Z G C I Q
G M P A A U C L P V V V M P Y V A I M C
Q V Y D N H W G Q X O I A G X S I C O B
O F A I T L W B B N I R A J Z H H C I W
```

8

ARTURO
BREGA
CALABRESA
CANTANTE
CARABINERO
CAUTIN
COCERA
DESACERTADA
DESNUDO

FABUCO
GIROCHA
GORBION
IZADO
MALICIOSO
MASILIENSE
MODIFICADOR
OSTENTAR
PORTAMONEDAS

PROTESTA
QUIMERICO
REENGANCHAR
REMATADA
SECRETAR
SESGAR
SOCIOCULTURAL
VASA
VICIO

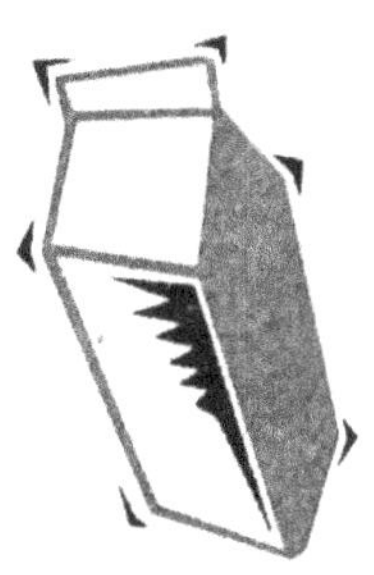

```
E X G I N P U S N N Q Q N P R D T B R A
A G E R B D P C A L A B R E S A X N A X
O D U N S E D G I R O C H A X S C D T N
S A D E N O M A T R O P V I C I O O E X
N O I B R O G N B K V O A N K B R S R P
A M C O W Y W D C S K F V S Z E B O C R
A M A D B U V H T V I O G Q N S V C E O
P L B E K Z C W E K A J A I B Z C I S T
R Z T S M M P O Z X L S B M F N R O V E
K V M A H R G O C H D A A V O M O C C S
I V K C J Q U I M E R I C O T S L U L T
A Q K E B O C B G A R D B T T V X L S A
G E Q R O K C P C X B A J E G T S T J W
E O P T E S B U N E U M N H T R E U I N
Q P D A S S O Z B H C T R A C S H R Z U
A V Z D X K N I S A A M E R N A X A A M
Q Z B A I H S E C R F E M T V H U L D X
C W W L Y C C K I I O Z K U Y R N T O O
L R J K W U E W A L L Y D R F Q H T I P
V V B W S K W K P O I A H O P W G R G N
R E M A T A D A T H Q S M J V I I D Y W
M O D I F I C A D O R F A H P W O M H D
R A G S E S X F L B R F M N X E Z N B
N Q R E E N G A N C H A R P C Y F W T W
E T N A T N A C S L Q M M A Y Y G G N K
```

APRETADIZA
ARRICES
BURIEL
CABERA
CANFOR
CERECILLA
COLUSORIA
CONTRABANDISTA
CORAJE

DEMERITORIA
DERRANCHAR
ENTOMOLOGO
ESCABULLAR
EVENTO
IMPUNIDO
JARRERO
MOSTACILLA
PALMATORIA

PATENTIZAR
PERIODISTA
PLASMADORA
PLENITUD
SEMANALMENTE
TOMATAZO
VERGAJO
ZOPENCO

```
L X P R H A O R A J Y O A D R O A A M P
N D C A Z I O A R A O Z I U A D R I B E
L C A H D R B Z E F D A R T L I O R S R
R O N C U O T I B E P T O I L N D O G I
X N F N O S J T A J E A T N U U A T S O
Y T O A S U E N C X D M A E B P M I D D
I R R R N L I E S K C O M L A M S R L I
Y A A R P O G T C M X T L P C I A E N S
U B W E E C Q A D A I B A R S E L M S T
M A V D N T J P S V T F P U E C P E Z A
B N A D S G N H Z N K O I I N O E D M R
J D W F M Y G E A T L Y K B F T V W M E
T I N Q I T R G M P R A X T B Y E M A Z
S S B C Y O O O D L Z N W F U D N S T J
P T A A O A R L J I A K N Y R J T M T D
R A I E G R H E D A Z N E S I A O Q S S
J W U R B Z A A R S G X A K E D Z J L Y
B Z O B P W T J J R M R S M L C D R O I
Q Y R L F E U T E E A Y E E E X V H Z X
O E J X R K Z Z B Y R J I V C S G G N T
G S X P P C D B H Q V M T G G I I X D W
Z S A Z O P E N C O M W G H A T R I F A
A L L I C A T S O M Q K H F B H H R F C
L I Z M C X V I T X J P V G U J T C A P
O G O L O M O T N E C E R E C I L L A Z
```

ABOGADO
ACCEDER
APURAMIENTO
BIOGRAFIA
CONCOIDE
DISTRIBUIR
FASCINAR
FELADIZ
GUATA

INFATIGABLEMENTE
MERCADANTESCA
MORIBUNDO
NADA
QUEJOSAMENTE
RECRIMINAR
REGISTRADA
REPARTIBLE
RETORICA

ROEDOR
SATISFACTORIA
SECUESTRADOR
SECUTAR
SERICICULTURA
SOBRE
TELEVISION
VALORES

```
R E D E C C A S E C U E S T R A D O R C
E L B I T R A P E R O K S S T J K Y A O
A T A U G V O R E C R I M I N A R F P N
A R U T L U C I C I R E S H T I L I E C
R O D E O R V A L O R E S O M K S C M O
N A E K X Q X D D N W Q X Z D Q X I D I
U P I N F A T I G A B L E M E N T E C D
B U M M F J Y G N D A J V L J H R Q Z E
D R H G Z W G K O A E F Z S O B R E Q U
F A R S J H A E F A S C I N A R F A H U
W M U Y D L T C E C Q A U G L D E G J U
A I R O T C A F S I T A S J R H O M Z D
K E H B H V K G R E Y L W X D S B U I J
T N W O I P P A Z O T A L H G E N S T H
G T B D N O T R P J N N Y M Y B T Q S R
M O D W S U G N R B V V A Y V R N C H V
O W B J C R E R X E S I O D I B M N V Y
R A L E O R R N A J T Z N B A T R S U U
I G S D E W O V P F O O U X O C C Z D U
B D B I W A J B C M I I R V N O R U Y T
U M Y D Y Q Y O K I R A V I S D C E F T
N N Q U E J O S A M E N T E C G U Z M C
D G U E H R E G I S T R A D A A O L T Y
O D A G O B A N F X T T F E L A D I Z S
T F R M G P C T E L E V I S I O N L W L
```

ALICORTO	DOCTORADO	PERNIO
ANUARIO	ESCUDRIÑAMIENTO	PESOS
ARTANICA	ESPONJOSO	QUINCE
BOZA	FETICHISMO	RELUCE
CALOFRIO	GANANCIA	REMILGARSE
CALZA	LABRADERA	SERIEDAD
DEPARTAMENTO	MONTADURA	TAPIN
DESFAVOR	OFICIONARIO	VARITA
DESPRECIAMIENTO	OPADA	VICARIO

```
O M S I H C I T E F D E H O O O A Q
A I C N A N A G Y M E S P T F S O S
O T R O C I L A E F S R G N I O J H
A D A P O V O Z A C P A M E C J C S
R O V A F S E D B L R G B I I N T E
F F G M M J E B A G E L Q M O O Q R
A Z L A C C J B L F C I R A N P E I
B I Y J U X R Q S I I M M Ñ A S V E
L N U L M A K M U K A E N I R E Y D
R W E L D P R L F W M R P R I Z C A
E R E E O F K J R L I P Q D O V J D
D L R A C I K G X X E Y Z U W B X I
V A P T T N T A P I N R A C V O X H
X I M K O N Q M Z V T B B S G Z S M
O K O F R J A S A A O O W E B I Y V
Z U L P A Q M R U R B Z Z W G A M P
A Y E G D C U P V I G A Y X F G A Z
D C U G O D A I S T M O C N A R I F
P V N V A R C L N A F T F Q T F N B
D C G T A A N D O C X P Y A G A O K
F K N A R J V E E F E U M D O N S V
E O X I A C H K F S R E T X E O F L
M W O I I J R E O G N I G X S C Q F
R W R D F E M S X T S J O U H U R T
I Y J R K Y D F O A N U A R I O H Y
```

ABACORAR
ACUOSA
AMOLLECER
BASTONERO
BECQUERIANO
BORDE
CARTERA
COHOMBRO
CONTRABAJO
DESTRAMAR

DULCEMELE
ENVEDIJARSE
GNOMICO
INAUGURACION
INCREDULA
INEXORABLE
INFINIDO
LANZAR
MALFADADO
MENTOLADA

PIRAGUA
PUDRIDERO
RECIPROCAMENTE
ROBUSTAMENTE
ROSA
SOTANO
TEMPERANCIA
TREMULENTO

```
K M U W L A J R N N B E M R Y Y O E A O
P M L K Z A M O L L E C E R W Y J D I R
B N W E X B F M H H K O N O F E A R P E
A S O R J H S O T A N O C S T V B O X N
T M J U P U D R I D E R O N U N A B R O
O N A I R E U Q C E B D E R O U R C Y T
E L E M E C L U D F N M Y I Q W T T O S
A R E T R A C D B V A W C Z V U N R Q A
A U G A R I P J E C A A K H C B O E V B
R A R O C A B A O S R N W K A S C M M H
M E T R R T Z R N U T D R E A K R U I C
Q Q F E S W P D G Q Y R A N L G R L N U
L Z R U A I Y U Z L G T A C I E D E F C
I G X J C K A V A R P C B M U H U N I P
J Z G E A N D V F V X H X Q A O W T N K
U N R X I J W Q Q F O D Q X O R S O I H
A I C N A R E P M E T E O Z X X B A D Z
E L B A R O X E N I L A N Z A R Y Z O O
I K L X J M T E N V E D I J A R S E M H
A D A L O T N E M M A L F A D A D O Z Q
O R B M O H O C A O G N O M I C O X B F
E T N E M A T S U B O R M K U X M V R A
A L U D E R C N I X F S N U W B T K G I
T G G C L G H Z B G H J Y P I B R H X R
E A G M J Q B P W X F E Y M F B X C H P
```

ADMINISTRADO
AGUJA
ALHARACA
APROBADORA
BARBILUCIO
BAYONETA
CHACHAJO
CHANCHITA
CONCENTRACION

CREACION
CRIMINOLOGIA
DECAEDRO
DESCARRIAMIENTO
DESRAIZAR
DOGMATISMO
ECUESTRE
ENLIJAR
GARRAFAL

JOSEFINO
NEUROGLIA
PIGNORACION
POLIMORFISMO
SENDEREAR
SOBERBIA
TRIPULANTE
VICENTE
VIRAL

```
E R L O R O O C R I M I N O L O G I A I
T A A M A J T O W Q H L Z H L X E D I P
N E F S Z A N K B A R B I L U C I O L V
A R A I I H E S O T P N E I E V D T G J
L E R T A C I W Z R Q B E P R J C A Q O Y
U D R A R A M J Z Y M S T M B H N Q R P
P N A M S H A Y M C J S P G C A V J U O
I E G G E C I E A E E R Q U O N U N E L
R S G O D M R H J U Y D H T N C X B N I
T K Z D K R R H C Z Q S A P C H L L U M
E Q M M E Q A E L J O D C P E I N T P O
E A B L M S C J O J M W N A N T F Z K R
Y Y Q F Q Z S S I I K T A V T A J U Z F
X T W K Y G E Y N L Q L E C R Z P M M I
A J U G A F D I M X N F A P A R C T U S
T D S S I U S A Y C R E A R C R K P V M
V C A N A T X O R B B P J O I F A L L O
S A O V R N J R B O X V M I O V S H M L
X W T A Q H O N W E D Y I N N V K C L X
O R D E A C E D K Y R A B C W K N V J A
U O W O N Y U U G U U B B U E O Y E F Y
E S G B M O C M L J P P P I O I N D E J W
L S R M D M Y G L H Y E Y A R Q T X U Z
A P I G N O R A C I O N M C Z P H E X C
N O I C A E R C B I M D M F W X A P Y V
```

AHINCAMIENTO
APRETUJAMIENTO
AUTOS
BOTONES
CALORINA
CANCELACION
CHAMUSCADO
COPETA
DESGARRADORA

DRAGONTINA
EMPRESARIO
ENTUSIASTA
EXPIATIVO
GACHO
GERENTE
HOYO
JAQUECOSA
LINAJISTA

PASMADO
PECORA
FELUDO
PERFECCIONADORA
PUBLICAMENTE
SONORAMENTE
SUBEROSA
TERRADA
VIRIPOTENTE

```
E T N E M A C I L B U P H O A K S O O
H P H P C D E Y P H A O D T D O S I Y
V I R I P O T E N T E P T N A C U R O
T M A L J V V V H C A A P E R E B A H
E T N E R E G D H V S S E I R G E S P
O V I T A I P X E Q E M B M E X R E E
C A N C E L A C I O N A G A T X O R R
A R O D A R R A G S E D N J D Y S P F
V A B U J O T W Q E O O A U W W A M E
Q U N T T R T Q K L U X B T I Q C E C
L K A I L I K N P L L A Z E W T Q X C
Q A V F R A R N E P G O G R Q Q B V I
O H C A G O N S P I A A A P W A B C O
Q L I R X X L I I W M S Z A X E D B N
H N W G I M F A T U O A H D S Y D A A
A R O C E P R L C N V D C Y F F Q G D
C H K D J W R I O N O T A N G B Z R O
V P S N U F V R F T S G C C I M A W R
S O T U A L A B N H J Z A S S H A H A
Y W V P M E C B N Z G X R C U A T M
U X M D E O Q P J R Q U C C D S M S Z
O F U N L I N A J I S T A J D T S A E
W W T C O P E T A L B H A B D R B U H
D E J U C Q A P R H N E X W F D J U R
A S O C E U Q A J C K C S N B U B N D
```

ACENTUADAMENTE
ANTICUERPO
ATINO
BOHORDAR
CONSENSO
CULPEO
DEJEMPLAR
DERRAMO
DESVARIAMIENTO

FRICANDO
FRONTERA
GRANDIFICENCIA
HUMILIACION
INDICAR
MACARRO
MOLLETERA
OBSCURECIMIENTO
OJEO

PERSEVANTE
PESTAÑEAR
REBOTADA
SANCIROLE
SOSAL
VICTIMA
ZANA

```
H G B R J J B A O K L E G U M R E
R F O H U A K L J L A T S T A A X
Q A O P B V T R K C S N R S H L H
Q U E R R I O O S U O A N K D P C
D W X Ñ R E H A Z L S V L Z E M Z
E O P O A A U K M P O E P A S E Y
R B A Z W T C C N E M S G N V J M
R S S C G Q S A I O C R T A A E O
A C C N E H Y E M T M E D G R D L
M U H T W N P V P R N P O D I L L
O R R E B O T A D A O A R K A C E
C E N X Y S J U I Y W R M N M L T
Q C S E G P F T A O Y H G E I V E
J I R R D E O P L D U O R Z E E R
S M F J A L J S L O A Y Y L N W A
E I L I H C O L N X D M W B T R Q
Z E Q L M E I A H E C N E G O D V
Z N P H O X A D M T S C A N R K Q
L T G Y W M H U N I Q N N C T D O
D O L L I O D Z D I T F O G I E M
N O I C A I L I M U H C O C R R N
Q H Y E I S S C Z S C B I B T I F
R A D R O H O B K E R B P V P T V
H B R S T J Z I M S K B X C T S S
T X S A N C I R O L E P S S Y A J
```

AGARRAFADORA
ALCOHOMETRO
ANTROPOMETRICO
ATRAS
AVIADOR
BENEFICIOSA
CASPIA
CENTILLERO
CONTAR

COSTREÑIMIENTO
FARRAGUISTA
GANCHO
HUIDIZA
INCULCADOR
INFELIZ
INMORTALIDAD
LOMBARDICA
NOETICO

ONCE
PACO
PEDUNCULADA
PROCLITICA
PUNTOS
ROPERO
SILUETA
TIENDA
TRECEAVA

```
R O U A V O P R I A V T B L Y F H Y D A
O C F C L C V Y N V R X N P I K V J G Z
D I A I O I N M O R T A L I D A D D O I
A T R T M R P E D U N C U L A D A T J J
C E R I B T Y M C W O L A Y Z E N Y I I
L O A L A E T P C A I I H P Q E G I Q U
U N G C R M T K A Q J C K S I D Y P D H
C A U O D O I D S Y S W Z M G I J S S F
N E I R I P E I P F H S I A P A A Z N E
I G S P C O N V I U G Ñ G K D R J B Q C
N M T T A R D X A Z E A S Q O E T T W P
X J A B G T A Q M R R A V I A D O R E V
J A Z P Y N X A T R Z R P R C G G U L C
C L G Q G A U S A R D I O A C O D U E L
O C G L Y C O F A S P Z P Z T O C C M O
Q O J I N C A T L A W G I S S E N I M C
K H S B I D N D C T P L A G N O U W B K
A O V N O O H O X W E P W T A D T L B X
Z M M R C B E N E F I C I O S A S N I Z
U E A I Q C F Y N J S L N H O U O T U S
W T C I S J P I Y A L M M H G R D V V P
E R Y Y A C T D R E G J C B E Y T F W T
P O D D G U W T R G H N R P G F G L N V
C Y Y A K V A O K Q A W O U O J T H X Y
A V A E C E R T C G E R Q Q K Z C Z Q B
```

ALGARROBERO
AMULETO
ATORDECIMIENTO
BARES
CERO
CODORNIZ
CONFLUIR
DINAMO
DUEÑO

ENLUCIADO
ENSILLADO
GARABATA
HONOR
INMOBILIARIA
IRREDUCTIBLE
LOCALES
MICROSCOPICA
OCTOSILABICO

PETALLA
PINTONEAR
POLLO
POSTFIJO
PRINCIPAL
RESTAURANT
RODILLUDA
TRAFAGAR
TRUHAN

```
D H O N O R D M W O Z O A O O B T G A R
O D A L L I S N E D I J I R L S N Q D P
P M C E R O W G L A N I R E L D A S U Q
R X A G D O X F R I R F A B O T R W L F
I U W T S U Z Q V C O T I O P R U Q L Z
N B L N O Q M B C U D S L R Y U A T I U
C J P X S R S J P L O O I R X H T S D Y
I M E S I G D G Y N C P B A B A S N O Q
P L T R R A O E O E H O O G J N E F R I
A O A T R R H K C F V S M L H B R T H R
L C L J E A T U T I U D N A A G R B M A
W A L J D B E K O M M G I R N A Q I M N
B L A F U A N I S F J I E H F O C Z X S
R E Y K C T F H I A T S E A N R I C V L
M S E I T A B O L L D B G N O O Y S L L
H S K V I S D K A G G A I S T R E J N U
A P P M B N S P B X R Y C E V O O D G A
Y J T C L F I U I N M O B R D V W O C X
Z F M B E R T C C N P U I A L E E I M H
O T E L U M A H O I T U V P K C G W E K
V Z O C K Q R R C A L O B W A N A X M O
V U A U Y J U A G F K N N X G U O L B L
O M A N I D Q R N R J R Q R E O R I A B
P V M K C Y J O H B O E C I A Z P Y R O
O Ñ E U D D C R N A E M O Z O R G Z P B
```

18

BAÑADOR
BROMEAR
CACAO
CALAMACO
CARNAZA
CENCERRADO
COPULATIVA
CRINADA
DURMIENTE

FASCIOSO
HURAÑO
INCESTO
INSATISFECHO
MACULOSO
MANGO
MARRAQUETA
MOCEJON
OLISQUEAR

PAISAJE
PALABRERIA
PITA
RANULA
SEÑORIO
SOCIA
SUBSIGUIENTE
TIBISI
TRASHUMACION

```
T O F M E F O Z F M A O A E O O T O E Y
R S A F T E Ñ I L N T H I T A F S B J N
A O S T N U A B V Z E C R N C R U T A D
S L C R E W R S C U U E E E A S S P S Q
H U I E I O U P H O Q F R I C S S R I S
U C O T U D H X Q B A S B M D S I C A X
M A S H G H O Z F R R I A R M J L F P N
A M O J I G M Q K O R T L U D Z S K R D
C O N R S J K P X M A A A D N R X Y Y B
I A G G B Q C S Y E M S P O J C S T Q C
O P V L U J P P H A Z N T O F V C G K W
N I C S S Q A C X R K I Q I M H A Y O M
N L N O F D O A R P R B G F B K N K K G
A D A C P K A L Z F T O F W B I X Z A A
R S X S E U Z I I O D Y D H R B S L H B
G B O N Z S L T X S G A A A X Q U I Q S
U M M C T K T A V N Q R V Z Ñ N H C I X
C O V A I R R O T Q V U O H A A J P Z P
F C C V A A V I H I M F E R Y N B G F !
O E T O K P X R R F V Z X A W M R C B T
H J W E G O K P V A M A N X R O Q A W A
Y O M A G P K K M T C A L A M A C O C J
F N F N I K G X C R I N A D A Z R C U K
O D A R R E C N E C J E I U J X Z K C E
C M R R Q I H H V A S V S E Ñ O R I O B
```

ANTICUARIO
ARQUERIA
ATESTIGUAMIENTO
BARNIZADO
CABEZONA
CALCULADORA
CENTONAR
CITARIZAR
CRISTALES

DERRUMBAMIENTO
ENTRETENIDA
ERRADICACION
ESTILIZACION
FILANTROPO
GAFARRON
INCREADO
MARCA
MATRICULADO

MENAJE
MONOLOGO
ORLADOR
PERPIÑANES
PERSONAL
RADIOTEATRO
RODILLADA
TRASMUDACION
TURNIA

```
A D A L L I D O R O S M O A N A N M R E
R A N O T N E C I P E A G D O I O E A J
A I N R U T N I V O N T O I I R I P Q A
A N O Z E B A C C R A R L N C E C S D N
R A Z I R A T I C T Ñ I O E A U A T E M
D V U V E C C Y M N I C N T D Q Z U R M
Q R B A S A G F Z A P U O E U R I S R U
F P A T P L G S M L R L M R M A L V U H
T L R E E C Q V F I E A W T S Q I Q M O
Z G N S F U S A Y F P D Z N A D T W B D
N N I T Y L Q B V M S O V E R X S K A X
X C Z I W A N R E G T D R V T V E M M B
O M A G N D I A W O S X E A O P X H I Z
R Q D U K O B D M I N C R E A D O H E F
M Y O A C R R I R U M B R E O Q K E N R
E F N M R A K O J V T I A P J W O C T U
F V C G N E T U O S K D E X T R R O P
P T D E Z E J E O D Q O I R Q C L I L C
H U M N W S P A E U H B C S J N A S B Z
J T E T P X J T W D U J A O I R D T M M
H Z G O O K W R A U D V C N G J O A V M
A C R A M G N O B Y L L I A G X R L I U
J D C A N T I C U A R I O L K D I E G A
I B P O F C L K R W A F N Y H G O S G R
N O R R A F A G O H C D I V J A B V D Q
```

AMNISTIAR
AZADON
BANDANA
BIKINI
CALCETIN
CARBURAR
CARTESIANA
CONFIRMAR
CONTENTO

ENCARGAMIENTO
ENTRIPADO
ENVINAGRAR
EVENTO
GNOMONICA
LEÑADOR
MANEJAR
PANEL
PARABRISAS

PIERNA
RECONCILIACION
RENITENCIA
REVELADO
SOSTITUIR
SUBSTRAENDO
SUCIEDAD
SUMIR
VIOLENCIA

```
R O A N Z A B M H J K Q M O V D N V
A T N I V I O L E N C I A D A Y O G
M N A T R E C O N C I L I A C I O N
R E D E O O B V X Y Q A U P G B X T
I T N C R P T D A E A L L I D Q N Z
F N A L V A F N O E L R W R Z W B A
N O B A C N R G E D I Y I T I Y W L
O C O C U R B U D V N P F N E L B F
C E S X B T B T B A E E Z E V J L M
R B K D H X U I R R D Z A D K W K D
R I U T I T S O S A A E E R S O W X
L E N A P S M R A W I C I E T S R E
A N A I S E T R A C M T N C A S X K
S Z K E T W V Z M M R C S S U R B P
R I M U S S X I F Q A V I I E S U U
A C I N O M O N G R R R T N N D G S
N O D A Z A N K G F B V I Q E M T T
L Z E W U F X A W A U T X H N M A T
R A J E N A M E R N E Z O U E W L P
S T W K A I B A V N U M P T D I Q I
C Y K B E P P I C E V W C E O T O E
T S V N J L S I K C F A P P L S S R
G P T K H S A R S I S S D G R O S N
A O B J E Y I S C O N U Y T O Z B A
X P F N P B J L U T P I B C P M V A
```

ALACRANERA	EXAGERACION	PROTECTORADO
ALQUICER	FLOREADO	RECORTE
ALTERNATIVA	FREGATRIZ	SESQUIALTERO
ARREPENTIRSE	IMPULSOR	SURTIDOR
CANCEROLOGA	MANDUCADOR	TANGO
CELOSO	OFICIALISMO	TERAPIA
CHISME	ORDEN	TIRANTE
CUCHILLA	PANCATO	TRIBUNAL
ENSILLADA	PATINADOR	VULCANIO

```
E M S I H C V M S F Z A A R R R E L
A D A L L I S N E S N Y G O O O T S
E S V E V U L C A N I O O D S D N C
R O D A N I T A P M C Q L I L A A Y
A I P A R E T N V S A S O T U C R I
R E C I U Q L A Z I E W R R P U I I
N Q T U G Z P W H S T F E U M D T O
X O V V N L P G Q S U A C S I N D K
J S I T S A C U V T Z T N E E A H A
P L I C N S I J R B B E A R R M B O
N X V C A A A I V Z R L C O E A G T
E S A A L R B T F R A H T D S T X Z
O T S T M U E H T C P C M A X U L N
O I E D N W I G E P E M M L Z Q H A
W R R A O D M G A T S M K A R A C I
O C L E L J T U O X X C I C A O I J
P E R R N T I R Y R E E O R U Z S Z
E U V W N X P Q R Z E H I A E S L D
S L X X H N S Q X N N C A N J P D X
O F I C I A L I S M O S O E R G B O
R A L R T S B C Z T E S R R X I G O
T P M C U C H I L L A O O O A T N C D
A R R E P E N T I R S E W L A E R O
H Z I N J W Q G I P U Y J T E O S F
Q J T P E Q Q J B P Y U U R F C U Q
```

22

ACHOCADURA
BEBEDIZO
CANTABRICA
CARACTER
CIRCO
CONCLUIR
DESARROLLAR
DETERMINANTE
DIAFANIDAD

DICTADURA
EQUIVOCO
FUERTE
GARLA
IMPORTUNO
INFUNDADAMENTE
INTELIGENTE
MONDA
NOTA

PORQUERIZO
PROHIBIR
PUTREFACTIVO
RECIPROCIDAD
ROIDO
ROMANCE
TELEVISOR
TEMPLACION
VERGUENZA

```
A F P W C T N T S N R H I C T S K A Y P
T R C M A M P U T R E F A C T I V O O I
O X Y H W K O J I Z L E M A I E X R T M
N W R C H W M N Q F U Z M Y F B Q J D Z
O C O V I U Q E D V G H P E T U S O E N
Y K G P X Z G V U A Y W R L E R W J M M
E T N A N I M R E T E D C R L X G F V I
E K D D L K X S C L B Z I P E O J F N M
N O I C A L P M E T C Z X D V G J Y T P
E C N A M O R N K J O E M F I F A T C O
P Y A I N T E L I G E N T E S K C Q G R
O Z I D E B E B I R H W J T O X I V A T
G D W V U B T E A W C O G L R R R O R U
R I U L C N O C K C A C D K D W C Z L N
X P P A C H O C A D U R A I G N O N A O
A R U D A T C I D Z H M Y C O V K T C V
F U E R T E N E T I V Y L N V R O H F E
R A L L O R R A S E D R U K W A I E R K
E T N E M A D A D N U F N I E Y M V V T
A C I R B A T N A C G D F X D T Q W T T
P M S P R O H I B I R Y B F N Q U Y S D
A Z N E U G R E V F U Z C H F A J R M B
D A D I N A F A I D X H G F H X M Q V D
P E R E C I P R O C I D A D U R V E Z S
R E T C A R A C X O M S W D P F I F E D
```

AGRAMENTE
ANTECLASICO
ARDOROSO
BUENAMOZA
CANASTILLA
CHICOZAPOTE
CHIHUAHUEÑA
CREYENTE
CUERO

DECIMAOCTAVA
ENAMORADO
ESPERA
EVANGELIZADORA
GUARDAVELA
HUMILDE
INFELIZ
INMORTALIZAR
LUCIDA

MILGRANA
OFICIAL
PAUTADA
REMORDIMIENTO
SAQUEADOR
SOBRECOMIDA
TERMO
TRANZAR
UMBRAL

```
Y V A A A L R L T A O L A A A E E Z
B Q L L R A A U E N S A Z R Ñ T P I
A Y L E O I Z U R A O R O E E O L L
N L I V D C I N M R R B M P U P K E
T F T A A I L E O G O M A S H A K F
E P S D Z F A U P L D U N E A Z B N
C G A R I O T S I R X E P U O H I
L F N A L E R S O M A O U B H C O Y
A K A U E J O C E W R I B F I I L X
S I C G G O M J L Y T Z F X H H H O
I O W N N Q N C Q Y J G N R C C F C
C V D B A G I N E V K T R H R P I O
O T D Y V E F T G T D G I I E M Z W
U N L C E T G U T F W A B L A W M R
O T N E I M I D R O M E R O M E A S
O D A R O M A N E X K B C T J G D X
K Q T Q A O G S H K X T I X A P O V
A D A T U A P C K L A J I D J D E R
D Q D J N Q D R X V W I I R J T A L
H L N E K W G L A K V C U L N Z R H
N X T F E Y V S T K U Y B E N B M Z
E D L I M U H L R L R V Y A B C Z P
A D I M O C E R B O S E R Z L V T J
O R E U C A X E Q A R T I Y T Q P Y
R O D A E U Q A S C W D C H H J C N
```

24

AFRICANA
AZUCAR
CANTAR
CERCAR
CONVERTIR
CREDENCIAL
DESNUDADOR
ENCAÑADA
ENMOTAR

GENERAL
ILOGICA
ILUSTRISIMO
INDEVOTO
JUGAR
LEVADERA
MENTIROSO
MOSTILLO
OBSTACULIZAR

PATALETA
PIROMANCIA
PUNTA
RESACA
RIJOSIDAD
SAQUE
TOFO
TORTURAR
XILOFAGO

```
A C I G O L I F A M E U O A O I H D
I Q D M S Y S Q V H W S F N S J S A
N R D P V M X D X G T H O A O M P D
D T K V S C P Y U A R N T C R O B I
E M Q F S C B F D C V J Z I I Z P S
V Y A F A A S U I E O D X R T F U O
O D R X I L O F A G O N H F N F N J
T S X I E N C A Ñ A D A V A E V T I
O O Q D Q M O S T I L L O E M S A R
E H L J C R E D E N C I A L R S X D
S T J O E J R I D D U W Z J E T Z G
C L D U S V N F X Y D T H Y Z U I W
R A Z I L U C A T S B O R N T M A R
R A R U T R O T L Y S V V V T U S A
L A R E N E G G P C W Z P K D X A D
A T E L A T A P U S X U L N O E Q E
R A C R E C R I M L C P G H Z T U S
A C A S E R O W K R A P C M H T E N
D I L U S T R I S I M O C L C X N U
Y B K V B C K V K G R F B H A Q E D
X B H P I R O M A N C I A R N J C A
L B D V E Z G B S S L S K D T V Z D
R A G U J A L I L E I X J U A S K O
S Y Z C V H I M T Q D J F B R O G R
L J Y B M M J V M X H B A Q B C H C
```

ACOSADORA
BONSAI
BOYARDO
CABALLEAR
CHACARERA
CHANCO
COLITA
CONTINO
CURSIVO

DECRETO
DESCUBRIDOR
DISCULPA
EMBUDO
FIGURADO
GORDITO
HITLERIANO
LAMIDA
LICEO

MALECON
PATRICIANO
PERDIMIENTO
PETROLERA
POTENCIACION
RUMBA
SARRACENA
TRUCO
TURNO

```
W W M O O O O O O U Y Z J U D V P D M B
P L U D T T N T D O W L W Q Y I T R A A
Y T I U I E I N R A I L H Y E Y R T U D
Z L P B D R T E A P C S F H X K U V Z Q
C J U M R C N I Y F A O A O N S C M V Q
U N D E O E O M O L J T S R F K O G L R
C H O B G D C I B V Y C R A R Z H Y A L
O K A I V N O D Q O X V G I D A B G V E
V X R S C E B R P Z N K L N C O C D S R
N O C E L A M E U S V S L L I R E Q V I
A I Z T K W I P M D S C A T A X A A N A
G Z T E U L L C Z P F O U I V M B N C A
O D A R U G I F N M E T Y R S W I O O V
O N R U T S W N U E H.A T K S S L D D J
X R H B P K V O D A T U B T W I X A A K
S K P Q N R U E S E V O J O T I V C S O
L M T E X S K H I H S G P A H G Z O B R
K O C H A C A R E R A C J L I C E O A E
L G H I T L E R I A N O U T S Z K E I D
K H P C P E T R O L E R A B P V L X N P
A P L U C S I D L M W R W J R L W Q J D
F F F D Q W M R I Z U C L W A I R B Y L
Z H S X R M V U N J D J P B B E D V Q Y
D L O F C H A N C O H G A S I M M O X E
A B M U R Y D V W O P C Y N Y R F M R E
```

ALMACEN
ASAETAR
AUREOLAR
CABALLAR
CANALIZACION
CASITA
CERCHON
DEFENSIBLE
DETONAR

DOMA
ELVIS
ESCLUSA
ESPESAMENTE
EXITOS
FORMACION
GENERATRIZ
HIJOS
INSOLACION

LICENCIOSO
MORAL
NEOFITA
PELASGICO
PLAN
PUNTACION
QUECHUA
REVISTA
TAMBERO

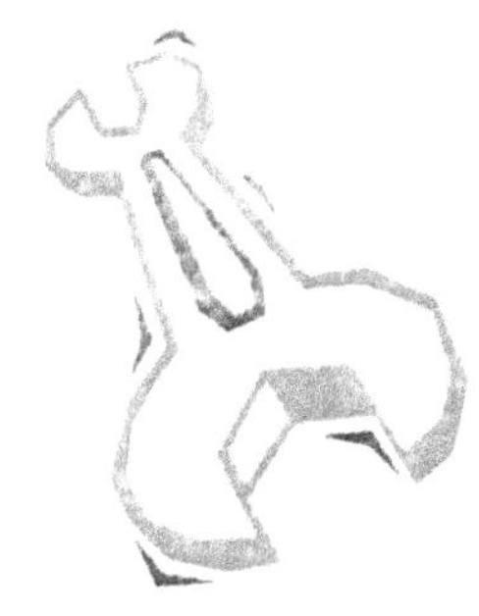

```
S D X C A R A B Z E M O P B U A C N N E
I T I P M A T V I G Y U L E I U Q E A L
V L Y X O L I C R E X L C B I H E C L B
L Z I V D O F A T Z X F T K X C R A P I
E N G R B E O S A P R O O T D E J M D S
L K O B I R E I R P E R K M A U U L E N
F I Y I X U N T E R V M K M D Q P A C E
P J C Z C A S A N B I A A T L H X K E F
Y U K E Y A R J E B S C D X E I T E X E
J C N U N E Z A G O T I Q R W J P G R D
N A E T O C G I T R A O E E T O M G V G
S B Q J A Q I R L E O N L N U S F R O E
V A C K N C P O E A A E K A O P J K U X
V L W M D J I V S Y N S S Z R H J S O I
A L M S U W Q O Q O B A A B H O C D I T
G A X A Y B X X N U H G C B X I M R Z O
L R E S P E S A M E N T E H Z D A R E S
A S U L C S E H V M E U T T K Y S M O C
Z Q A F O P E I N S O L A C I O N R H G
R A N O T E D C P X N T A M B E R O D N
G I J C A Y C F Y I R Q L Q P R E F V F
Z T K Z F Q G D B Q E Y G S J T D E S L
O C I G S A L E P U F Z V L I Q H G J D
B H P T H N F F Q P R T B H B Q T O T N
L R C L X V B T W Q W O S H M I B P R O
```

ALMENDRA
ANTICIPATIVAMENTE
APLAUDIDOR
AVELLANAR
BARAJON
BURRA
CEBADOR
CHUPAR
CREMOSIDAD
DESCAIMIENTO

GIMNASTA
GOZAR
GUISO
JAMAS
LUCUMA
MEJORIA
MOHINA
NUEZ
ORUGA
PANCROMATICO

PAROTIDA
PATRIOTERIA
RECONDUCCION
REDENTOR
TROMPON
TUTO
UNTAR
UROMANCIA

```
P V Z J L T F W P J E A L D M Q A A A F
L Z D X P U Y F Y B H S E O V D R G N E
Z W R O T R O M P O N B S I N R R U I D
D A D I S O M E R C C I U P I P U R H U
R A N A L L E V A A U A D T X L B O O X
Z E U N S O Z T Y G V P Z J L J J K M T
A D I T O R A P U J Q X U A U L I E F V
A I R E T O I R T A P L Z M Z R E S R A
S K V H F G O N X M H F Q B O L N T E B
O T N E I M I A C S E D V D J L N Z D P
J X U K A O F K C D U A I Q A T V S E A
H S H N N P V W D Z F D I R A T S K N N
E O C G A T J R V B U L D R U O D P T C
W I Q I D C A O Y A K N A T R Y L T O R
A N I M N H D F L W E T O E I U R B R O
V I M N E U C P V M N B C H C O S N B M
P T I Y P A R L U U O X U D A Q A R A T
W X P S L A A A A Z N M M A M J R A O T
R V K T O R P M P D U A B A P A Z R V C
B G J A Q Y B D U C N E J P J O Z S T O
A I R O J E M C D S C M R O G Q M Q E Q
Q M B T O A C M S O U K N P Z G V W T Q
A N T I C I P A T I V A M E N T E W O N
T O U I O H G T J M Z S C S G Q R N U L
G Z Y N K C F C V P Z I T K Y I H I T S
```

28

ABORRECIBLE
ACLAMAR
ALTISIMO
ASBESTOSIS
CEPOTE
CHINDA
CLORO
CURTIMIENTO
DERMATOLOGO
DESAUTORIZADO

DIARIA
ESFOGAR
ESTRELLERIA
FRANQUEO
GUSTATIVO
HOMERO
IRRITACION
JOVEN
LINFA
MACERAR

MEDIODIA
MILITAR
PATAGON
PROFUSAMENTE
RUTINA
SARMENTERA
SARRO
TOLU

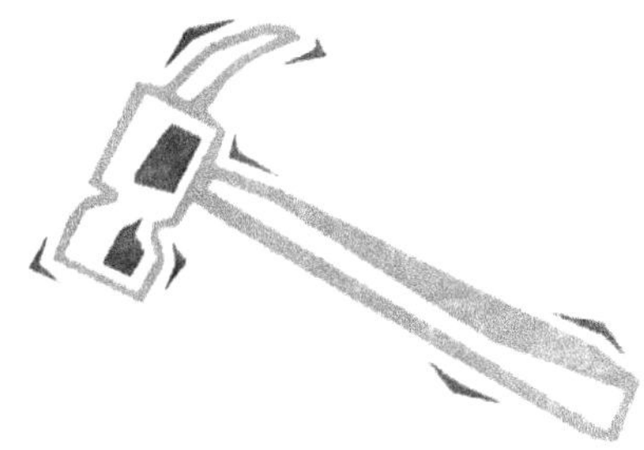

```
N O G A T A P B U L Q I P J A A C C R Q
E G Y I B K S Y X B O P N N U B I D A Q
V U R H Z O G B N F I H I L A B S F R N
O S V F B X R Z E I D T X L B S G D E A
J T M R T I W R I S U P T X C U E R C L
K A E A M R B B E R T I L X R R B R A F
N T D N F R I U R C S O D T M K A K M O
U I I Q O I R Z E I I Q S A V T Q F S G
O V O U H T Y L M N P B T I I T M G Y F
X O D E O A Y O Q F W O L L S I O E X Q
O T I O M C Z P S N L Z I E W F F Q Y A
S X A L E I Y C T O X M V W P A C D W S
I A O K R O A W G W T E B N I K U B J X
A K R Q O N Y O L G W Z K R S W R F F Z
C G X M A F D I A R I A E T U J T I F L
L I R R E Y S M S M L L I D R C I R P X
A F N I L N T J S F L G X D W H M S N Y
M B T W L A T Q I E E G J M B I I I M K
A R N A M V J E R O W S Z J W N E J C P
R S N S R W W T R L R O F F D D N A W K
E T O P E C S O W A C R D O G A T E X O
Y O O L Z E P G L B P L A V G S O C Z O
E T N E M A S U F O R P O S O A Z L Y Z
A J I Z T O L U C M H M R R O N R E L B
O D A Z I R O T U A S E D A O B W U F P
```

AFINIDAD
CHASQUILLA
COPIHUE
CRIOLLA
CRUEL
CUIDARSE
DESTEJER
ENVEJECIMIENTO
GLOBALIZACION

IDENTIDAD
INGREDIENTE
LAPIDA
MOVIMIENTO
NOTICIARIO
OJOS
PICADA
PROPAGANDISTICA
QUIETO

SEDIMENTO
SOBRESALIR
SUDATORIA
TAMBORIL
TESTAMENTARIA
UNTOSA
VANGUARDISMO
VENTILADOR
VENTOSA

```
A C I T S I D N A G A P O R P O G D
E T N E I D E R G N I K G V L T O I
D A D I N I F A B W J V C N F E G D
Y D L S G X Y V G I Y I E Q U I U E
I N O T I C I A R I O B J N V U J N
E W C H H C W W G J U H N E T Q V T
V A N G U A R D I S M O D K J O Z I
N S E I C R I O L L A U K O M L S D
I M C S T E S T A M E N T A R I A A
E S G A R N U D D T J Q F M A H Y D
V A Q T S A J A B P V S Q O W D T Q
X Q O O Z B D N E S C X A V L K A S
A Z J N T V C I P H C U J I V I M A
S O C R O I C F U O Q J D M A Y B U
A S O T N U R Y X C O B G I X Z O O
Y T U L O U C R U E L K V E M L R R
A I R O T A D U S H Z I O N Q Y I T
E U H I P O C F E D J F F T Y H L M
A D A C I P Y X I J C K D O L P U J
A K X C H A S Q U I L L A B L C D O
S O B R E S A L I R G U T G Y X R Q
S E D I M E N T O M C T V J V O Q R
A Y Z X T E N V E J E C I M I E N T
R V E N T I L A D O R G V Y C T F L
T L L U L A P I D A L H K V W O B J
```

30

AHORA
AMORIO
APIÑONADA
ASILADO
BARRAL
CAPSULA
CELADAMENTE
CUANTICO
CUARTEAMIENTO
CUESTA

DEMAS
ENSAYAR
EXCLUSO
FARMACIA
HARINA
HOSTIGADORA
LESBIA
MENSUAL
MERCADO
MIERCOLES

MULTAR
OPRESION
PAGANO
PSICOFISICA
QUINTILLIZA
SALCEDO
SANGRAMIENTO
SOCIOLOGA
TUSONA

```
A O O D Z N A A L M N R O A C A L Q M B
N S N P F T H Y A E O A D C C S U E T W
O U A C H K X G R B I T E U Q I W K J M
S L G H E V S A R Z S L C A T L A F S F
U C A B A L N Z A K E U L N N A W W G M
T X P O L X A T B G R M A T S D A U E A
H E Q D U R A D P C P X S I X O H B R H
G D D N S Q D Z A V O U O C M G D O V A
A I B S E L V F O M X B K O O H D T T W
P C C A P S U L A R E I B N J A R S U H
H O S A N G R A M I E N T O G V E S V A
A G O L O I C O S E N Z T I D U F W Z R
L A U S N E M J H R V J T E C X F D P I
S J Z H D U A V C K X S J G F D S B J N
O I R O M A A N T H O P Q S J M V Z P A
S E L O C R E I M H H M F O Q Y N V M U
R A Y A S N E E J F A R M A C I A J O T
L C U A R T E A M I E N T O I N I J T Z
A R O H A G D E M A S B O M M V K M P L
B K S W K L H Y Y W E F S D D E F A S C
P P S I C O F I S I C A O D A V W R A P
F U S Q U I N T I L L I Z A X C L D W C
K Z J A P I Ñ O N A D A R O S Q R T X J
B N U M Q F N A A I U S P W O N C E B D
J C J K I G J O Q D I V L B W Q J O M Q
```

ABARRADA
ACRISTIANADA
ALGARROBO
APROBAR
ARGOLLA
ATISBON
ATUN
BABOSEAR
BALISTICA
CASERIO

CIRCUNSPECTO
CONTRAFALLAR
CROQUETA
DESABORADO
ENCENDIDAMENTE
ENVASE
FRANCIA
FUGA
LARGO
MAJADURA

MERCENARIO
MOSTACHO
PRECONCEBIR
REPROBADORA
RESINA
SIEMBRA
SINCOPE
SOCAIRE
TALLON

O J E X Q Q A N E R O O E A A N V N U R
P B P L S J N O R A T I T L R O L U Q A
L P O S W V I L I E C R N L O B L T C B
V R C R G X S L A S E E E O D S A A O O
G E N W R Q E A C O P S M G A I D J N R
Q C I G Q A R T O B S A A R B T A U T P
U O S X V Z G Z S A N C D A O A B H R A
D N D R U X I L U B U R I V R X A H A T
G C D M A X X B A G C H D X P R R Q F O
Y E I D T I I Q I R R A N K E V R Z A U
H B A E F V C E M S I Y E H R V A R L G
Y I P S Q D I N I T C S C X E Z D C L R
F R X A J B A R A C N S N T V Q A W A H
S N N B G A M D O R Q R E G H R E G R X
C F G O W Z W X A M F K T Z E T V O H C
B M W R R P E E O N B A L I S T I C A A
A Q R A Y A T J Y I A B S U B W Q C C W
N G M D M J I F W M R I A I Q I W E J Q
U D M O K H L L A L E A T T E S S K E T
F E L N S I U J C F J S N S E M P V M C
O G R A L T A B U T E S A E I U B K P G
X X V K I D A G K K R Q I V C R Q R J F
F F E K U S A C N Z E H L K N R C O A M
T E E R I A K R H P A X V R R E E A R O
E T A C P M V D Z O E S E D F J C M W C

32

ABARAJAR
ALBATROS
ANGEL
ASFALTICA
CAMARINA
CLAN
COJON
COMISIONADA
DEBUT

DOMINACION
ENGRUDO
ESTIAJE
FEMENILMENTE
FLOQUEADA
INVERISIMILITUD
JAHARRAR
LEVANTAR
MAGNOLIA

METACENTRICO
PANCADA
RIJOSO
SOLTURA
TRASPALEO
TUCA
VAMPIRA
VITALICIA
ZACATECANA

```
J E T E A S V G C A O O Y N A H S P R F
A C I T L A F S A D E C M O R L O Z A G
D T S Q T R O P L A L I E I U K K A R G
J E U U R C D Y B N A R S C T A Q Q R Z
C O B T N E P M A O P T X A L J D T A Z
T E D I D B H L T I S N R N O L C W H A
D A Z U N Y Z T R S A E V I S E R M A C
R I T O R V O I O I R C W M E V H E J A
R N K D C G E V S M T A J O H A M S V T
H W X L E A N R J O F T L D R N Q T T E
Z K E N C P M E I C H E M D I T W I O C
P C J T O Y U A W S M M I O J A X A Z A
X I L Y N J J Y R T I A V K O R Y J K N
B P J U M E O A F I Z M G T S O P E B A
Y X X H G H M C C V N W I N O E B S T T
U L Y F O S R L W L A A V L O E Z H F W
P I S O A Q H N I Z K M I S I L A B L I
A I C I L A T I V N Z P P H E T I I O G
A D A C N A P M I V E Z S I L G U A Q X
R A J A R A B A U Y Q M C N R I J D U T
A C U T G B H Q X M F Q E V G A P R E F
N M Y T G U D H N O F B N F X G X L A W
N Z T N A L U O A N G E L Z Q I Y V D G
X V I G V X Y F T R L X N C L A N D A V
G C A P Z X R X S F Q J P D K V A J H S
```

ALELUYA   DRAMATICO   PARTERA
ARROBEÑA   ENGANCHON   PASOS
CACERINA   HISTRIONICA   PERSONAJES
CANAL   HOSPITALICIA   PONZOÑOSAMENTE
CEPILLADURA   MOMENTO   PREELEGIR
CHICANA   NECORA   REAPRETAR
CIANOTICA   NERVIOS   RECEPTIVA
CONSEJO   OLMEDANO   REFACER
DESENCANTO   PALA   VIGOR

```
B R L U C E N G A N C H O N F T V
K I P Z H J Q E V Q K O Y M N J E
N G F L Z V H Q E D N E C O R A T
I E H O Q B L E A P D R A M A T I
Q L M C H I L P E I Z W M G V I G
S E J A N O S R E P C S N P U P D
V E W V P M V E J R P I O E P C U
A R B D R O O V H Y A E L I E S L
I P C A E F N R A S L Y C A V B C
N O I S F S M Z S T A A A S T R D
N S A N A D E S O K A C U U G I E
R C N N C O X N A Ñ G Ñ A A N I P
M M O T E C T O C C O C E Y Y S Q
N E T E R B R I T A H S A B F U O
C H I M S F X Y U N N B A C O S L
C C C Y O C I S D Y E T R M E R N
H T A U J U I Z E A C M O D E R R
H R H N W S K E F B R O O S Q N I
U B B K A C C H X O C E N M K L T
A R U D A L L I P E C I T S A Z C
O N A D E M L O C R E A P R E T A
A C I N O I R T S I H P H K A J O
M C E Z Q C H I C A N A E S M P O
A V I T P E C E R D H F Y E D W Q
M K T S O U Y G T D O W U K R B X
```

34

ALBOTIN
BIGARRADO
CAMARA
ELASTICO
EMPEREJILAR
FRANQUEAMIENTO
GRUESO
HONRADORA
IRA
MACHETA

MATERIALMENTE
MEDIOCRIDAD
MONTAÑA
MORREO
NEVAR
ORTEGA
PATOTA
POLIEDRICA
PRINCIPE
PROMISCUAR

REBENQUE
REQUETE
RINOCERONTE
ROPAJE
RUDIMENTAL
SENTENCIA
SEPALO
SUTILMENTE
TERCETO

```
A U O X O V E O W A N V A O N W E A R F
R V D X D I T E X G I T C S Q M J Ñ A C
O X A Y P R N R E E T A I E H E A A L V
D K R T L T O R L T O I R U C D P T I G
A M R D I E R O A R B P D R P I O N J I
R G A L R R E M S O L P E G W O R O E F
N B G S A C C A T Z A L I S T C J M R X
O H I O E E O C I Z X T L E W R J Q E Z
H C B J T T N H C L S U O P A I M F P K
Y K L C D O I E O I M V P A T D P Y M B
I D K L B M R T B S W N S L S A E X E Z
Y P N T C C H A V Z I D A O Y D S D I P
A R A M A C M A T E R I A L M E N T E R
P A S X K W M R G J C N E V A R Z C E I
R C U N S V B M S N O R B R R W P D I N
O K T M B X U N E A I E T E G X Q Z B C
M I I F S L S T U K O X B O B B K K W I
I U L X B K N T S W R E I A H V S L I P
S V M Q E E R K I X N G N R H F Q R P E
C V E P S F R A N Q U E A M I E N T O Q
U E N N A Y X W U R U D I M E N T A L L
A N T J I T R E Q U E T E U K D S P N K
R F E L D F O E R K W F R F L U M I L T
W R A I I X B T M K E T E O K I C X I F
U G I B P T E N A I K B V W V Z V C Q F
```

ALENTOSA
APROPIADAMENTE
AUTO
BRANCA
BUDIN
CAMARERA
CENSURA
CLUB
CULEBRA
DEPOSITARIO

DISFRUTAR
ELEVADOR
ENCICLICA
ESFEROGRAFICO
ESTRAFALARIAMENTE
HABLAR
HERALDICA
KARMA
LIGNIFICAR
MORABUTO

ODA
OSITO
PLACEBO
RITAMENTE
SUCULA
TARJETA
TRASMUDACION
VARIEGACION

```
H  F  M  O  U  A  F  Z  T  T  O  R  W  Y  I  H  G  R  N  S
R  O  D  A  V  E  L  E  H  E  R  A  L  D  I  C  A  A  O  U
A  I  L  C  I  C  N  E  G  H  B  R  J  C  Q  P  T  I  C  C
P  I  U  C  C  Q  R  A  R  Y  V  Y  I  E  Z  P  R  U  C  U
G  T  C  U  A  H  U  Y  M  T  J  Q  T  E  Q  H  O  R  A  L
N  U  A  H  E  B  R  A  N  C  A  G  A  A  T  A  P  F  G  A
O  T  U  A  J  R  S  X  R  X  M  F  M  F  D  K  I  S  E  H
T  R  A  S  M  U  D  A  C  I  O  N  E  I  M  O  A  I  R  W
O  B  E  C  A  L  P  C  K  Y  T  B  N  D  G  C  D  D  R  M
A  W  F  I  Q  Y  R  G  G  F  V  D  T  M  W  U  A  V  A  I
V  R  J  D  K  C  V  Z  J  Y  N  O  E  A  F  L  M  E  V  E
P  H  T  P  F  Z  J  Y  V  J  C  L  U  B  R  E  E  W  V  M
O  I  R  A  T  I  S  O  P  E  D  H  A  L  O  B  B  N  Q  X
A  W  G  J  M  F  H  J  H  L  D  P  Q  Q  B  R  T  N  Z  G
H  U  Q  J  F  L  K  C  Z  Q  Y  N  W  N  V  A  E  Q  P  J
H  N  J  Z  Z  A  H  H  C  K  A  L  E  N  T  O  S  A  B  K
E  T  N  I  M  A  I  R  A  L  A  F  A  R  T  S  E  S  K  M
O  C  I  F  A  R  G  O  R  E  F  S  E  D  K  F  L  Q  O  A
E  H  G  A  K  A  R  M  A  B  R  A  P  S  A  C  D  R  T  Y
A  R  U  S  N  E  C  Q  K  U  O  A  F  N  Y  A  A  E  N  A
A  R  E  R  A  M  A  C  W  D  P  S  B  O  S  B  J  U  L  Z
F  L  N  U  U  V  D  V  Z  I  I  S  I  G  U  R  O  L  E  N
B  E  F  W  W  L  S  Z  B  N  T  L  U  T  A  T  N  B  T  U
R  A  L  B  A  H  Y  G  B  O  V  F  O  T  O  L  Y  H  I  Z
U  O  F  G  K  P  L  I  G  N  I  F  I  C  A  R  U  T  K  H
```

36

AFRANJADA
ALTIVA
BAÑERA
BATIN
CAMOTERO
CONCIENCIAR
DECANO
DENUNCIACION
DESCARGA
DESMOGAR

ENTRADILLA
ESQUIADORA
EXCREMENTO
HUSILLO
INNECESARIO
JABON
MAZACOTE
MOJAMA
OVILLO
PETRARQUISTA

PROSIFICACION
REEMBOLSABLE
SOLOMILLO
SONROSAR
TARJETA
TELA
TESORO
VELATORIO

```
D W R A S A O E R X J C E B G P L J H A
X T A M Y R P L A E L K I M R R V C M D
K I G A E R B S S O L O M I L L O P A A
B Q O J N Ñ O A O B M V P R P V U P U J
G B M O T A S S R R O B M C N K E T B N
N W S M R B I L N Z S Z Q N V T R N A A
A Y E R A T F O O A H V N B R D U X T R
J Z D O D F I B S B C O O A E H L X I F
I S W O I U C M M E B Z R E E F E F N A
F Q Q V L Z A E A A E Q E D X K S E P W
N D A I L Y C E J L U F N S C I Q Y D Y
Y R C L A I I R K I T N E F R O U X E Q
L Q W L N Q O L S M Y I W R E D I C N C
I O V O G N N T L A I N V Y M M A A U I
N C P N V A A R C T M V F A E A D M N D
E T O C A Z A M T Y J A Q C N W O O C H
E S L G H P F W W R S P G L T A R T I W
N N K W J S X T A I W T U R O Y A E A D
A T E J R A T O P W N D V O A U N R C J
O I R A S E C E N N I Q V D L C M O I S
R A I C N E I N O C X H C X L S E O B
G L V N Z F V E L A T O R I O A I E N R
D E C A N O O I T E L A F R A Z S S D E
O K L E P M T V Y Z B T Z Q Z L N D U K
O R O S E T B Q J F E S E X D Z A T P H
```

ACHANCAR
AGUAMALA
ALBERGO
ALBITANA
ALCARIA
ANCHARIA
ANULETE
ATRASO
BIENESTAR
CHIFLAR

DIECISIETE
DIJE
DUODENO
ENGABANADO
ETMOIDES
EXOSMOSIS
FAMULA
FRANCESISMO
INALTERADA
INAMISIBLE

MALVADA
MICROSCOPIO
MUEBLE
PAJONAL
POLEMICO
RECOPILACION
SUPORTAR
VIOLETA

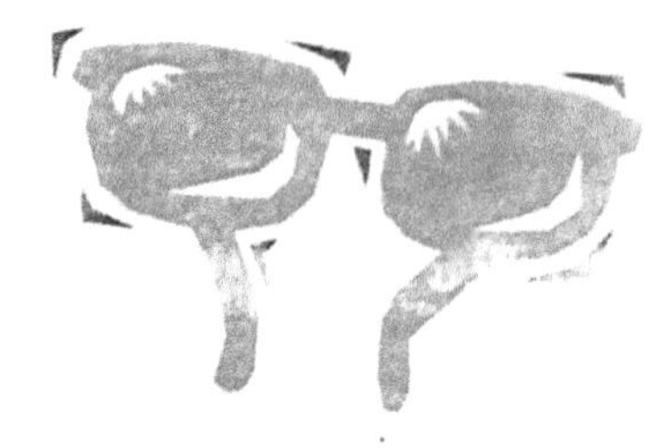

```
M A L V A D A E R A M R A E O E K D A O
F T Q L T F J C M X S A C T N L S Y L D
V G Y J D Q A S T H Z T P E E B E Z U A
A I R A C L A K Z F M S D L D E G I M N
W Z A S X F W P C R L E B U O U U N A A
O M S I S E C N A R F N R N U M O M F B
U G J Q R G N T B G I E L A D I V P R A
I F Q E F A R P Q Q L I O O C R X A U G
X W Y F J O H Q S B S B W A T X V J C N
R N Y V P D B C I E W Y L G O N N O I E
J A M U C U P S N L D I K K K I X N N R
O G S G K F I A F A P I F C Q Q H A A G
K W I Y V M H B W O E G O L O C W L L O
D L T U A J J E C U R Z A M H E R P T V
J W A N T J R E I R F O O G T Q M L E E
J Y I M A K R S Z J U J S M U E Y P R C
E T E I S I C E I D D Q Y G M A I S A R
J U J N K A L B I T A N A Z A E M Y D A
A T E L O I V C U V N M A C D I M A A F
S I S O M S O X E S S I W T H I M J L M
E N W Q E A L B E R G O K U R A J D V A
B E L Y B R S Z N N S T D G A A N E Q J
C M I C R O S C O P I O G S X I S C Y P
O C I M E L O P R B F Y N Z Z Y U O A X
R A L F I H C M C P W S L T A K T S R R
```

BOHEMA
CAMILLA
CARRAÑOSO
CIMENTAL
DESEMPAÑAR
DESEQUIDA
ENVASADOR
FENOMENOLOGIA
FLORECIDO
INTEGRAL

INVERNAL
MECANICISMO
MELINDROSO
MESTIZO
MITOLOGISTA
MOSTO
ONOMATOPEYA
OSEO
PALABROTA
PARCELA

POCILLO
PRODUCIR
PROGRAMA
PROYECTIVA
SECRETARIO
SONREIR
TIJA
TINAJA

```
D E S E Q U I D A A L A I W Z O I G O A
S X T S K P R O Y E C T I V A W E B I J
E N V A S A D O R Y T H O U I Q N L R A
R I C U D O R P Z A U Q P A R C E L A N
O T S O M U V W D I D B J M I X Z K T I
R Y S V P P P D E S E M P A Ñ A R W E T
U L G Q R P P I I L U T T I J A K Q R G
O M S I C I N A C E M P K F C O E C C F
L A N R E V N I W F U W F M M I O H E A
L A R G E T N I L Z Z J Q E E N R N S A
A Y E P O T A M O N O C A O F S O U T G
C Y P S O N R E I R T A K Z T M T S Q O
P X S K J V J J V P T F N D E N I I B W
O D I C E R O L F W S U A N P G Q Y Z C
O I A W Q T U Q O R K Y O A O I U H A O
B C A M R J O U L K V L L L S D K R O Z
E C A Q C O B S M L O A O Z O B R E B C
K N V M S V O V O G B T S E Y A S Q O P
V I X T I T L A I R I F A B Ñ O F U H D
J O N C I L M A O M D I F O S O V R E T
K N Z S W F L T X H M N S P J I F D M Z
Z H I L S P A A X O F O I Z P D S A A A
A M A R G O R P K J X V O L I V A R I D
P R J H O R V P O C I L L O E S Z Q S A
L A T N E M I C I C D L E J C M O D T M
```

AEROPUERTO
CAMARERIA
CARRIL
CUBRIR
DAMA
DESCANSO
EMPOTRAR
FAMILIAR
FIRMA
FLUSLERA

FRUSTRATORIA
FURIA
GEN
GUIÑAPIENTA
HERBORISTERIA
INDISTINGUIBLE
INVENTADORA
JUBON
LETURA
LUBRICANTE

MALMIRADA
MAYORITARIA
MIKADO
NIELAR
OTRAMENTE
PLAN
SULFURADA
TREPADORA

```
A I J P P L M B W P D X E M C A K I
T L N Y H D T V F W L F X U N I F
N P O L E T U R A F N X B I B R I
E H E R B O R I S T E R I A K U R
I A H B B R Y E W E I B E E X F M
P O R X L M S N I R A R Z Z B T A
A F S O C J E M P O T R A R K Q H
Ñ W Q N D P L A N P A U Z N K E S
I L O I A A Z F U A T D S D S M I
U Q R C W C T K L M O B A M P R L
G A K P D I S N T U F M T R A K S
G O C G S T I E E O S Y L T I T I
I T J H U M X N D V S L I D R M A
B R C Z L I V I D Q N R E A O M L
Z A P S F K A D K I O I T R I L D
N M F M U A E H L Y S O B L A Y E
I E H G R D R J A I R T I T H K R
E N Y E A O O M M I D A I W O E Y
L T W W D N P J A B R A V N R I K
A E E S A X U U Q K K V M A G Y D
R Q P T N D E B Q F N E M A J U N
Y F J U V Z R O C R C A Q A N C I
L W W Q Y I T N W A C F U V C E P
Y H S W D I O G U A U U Q I O M M
A R O D A P E R T G H U S X A S X
```

40

ARITMETICO	ENCERRONA	NAUTICA
AZOMAR	ENZARZADA	ONOMASIOLOGICO
CARDIAS	GASEAR	PERNAMBUCO
CIRUJANO	GUANAJUATENSE	PRENSA
COLGADOR	INADECUADO	SEPTICEMICA
CUENTISTICO	IZADO	TRIBUTO
DIRECTORAL	LOBOSA	URGENCIA
DOCTOR	MANIFICENCIA	VISITA
DOLARES	MERCADURA	
DOMINGO	MONDONGO	

```
G O S U V K A P O L K R O A A R C R
J G E I T Y D K O A A A C N S O I O
B N R Y O F A P J R L M U O O T N D
R I A S D B Z T U O X O B R B C C A
P M L M R N R D J T N Z M R O O U G
B O O R J U A I A C Y A A E L D E L
L D D Q R C Z U X E J Y N C A C N O
A L E W R L N C T R Y U R N C D T C
O Z K E I K E L M I X K E E I G I J
W C M X W R N T H D C A P X U P S R
A S I J E V J I S C B A U A R Y T A
X I U T T Q F Q C X S N N E V D I A
S U C J E B V L N M D A N D Z V C F
L I M N D M M M K L J S O H C D O E
H B J N E D T I A U A H W W H K T S
X L C O F C Z I A C Q W Y C H Y R V
R A E S A G I T R M I C K R D Q I E
G X S U F A E F O A A M V L E O B F
F I Z S C N Z N I R K I E O B F U B
E A A V S R D B D N H W C C L K T B
F D L E X O H I T R A H X P I D O Z
K F L F N C A V T Y C M L H M T A G
U L J G X S J G P P P A D K U D P N
V T O L S O G X M G P E G H O L V E
O D A U C E D A N I T V V I S I T A
```

BASICO
BELEN
BORREGUIL
CANDELARIA
CHARLEAR
CONFUCIONISTA
DIVORCIO
ENCANTADO
ESCRIBA
FRISADURA

GEOMANCIA
HALAGO
HURDANA
IMITADO
INCOMPRENSION
INDEMNIZACION
INSTANTEMENTE
LLAULLAU
MELIPILLA
MILLONARIA

MORADO
MURIATO
POSTRERA
PULSATIL
REZAR
SENTIDO
SONRISAR
SUJETAPAPELES

```
X I X U I N D E M N I Z A C I O N L
O E E V L L A U L L A U H F E L B I
A B I R C S E R G E L D I R N B B U
A L L I P I L E M F Q R V Z C F E G
E S K B R J H E L Y Y B H E A B L E
K C J T M E G S R O O O C R N I E R
C B A D C X U Z X U M Z U T T B N R
J Z V N W T D K B S C E A A A P R C
C K K M D Y R T H E K M S P D K Y B
N O I S N E R P M O C N I I O C Z A
M U W S G D L W U B X G W N S L T P
O D I T N E S A X T H T T Q O S P R
L K M E G S R G R Z S K G W I U U U
A D I V O R C I O I P Z E N L D J K
A I R A N O L L I M A Y O R A E W R
R A Z E R T V A Q A J I K S T U A E
F P U L S A T I L C C L I A O E O H
D V T G F O T V I U I R P T L M Q T
S O N R I S A R F S F A A R A Z S J
A N A D R U H N Q X P I A N I C R J
I D A S E D O N A E R H C G J W B Z
Q A O X G C M S L U C I E M U Z D L
O C I S A B R E M O A F C V W P K U
X L G V I N S T A N T E M E N T E Z
R G P O S T R E R A Z O A Q V F P L
```

42

AGONIZANTE
APERNADOR
CERCO
CLAVICORDIO
CRUCERO
DECLARACION
DEMOTICO
DESYEMAR
EMBOCADA
ENCORAZADO

ENSAMBLADURA
ENTRENAMIENTO
ESCUADRAR
ESOTERICO
ESTRUCTURAR
FACIL
GRADUAR
HEDONICA
INSATISFECHA
NUEVO

OMNIPOTENTE-
MENTE
RABEAR
REGALO
RESPUESTA
SILBIDO
TAX
TRABAJO
VERBO

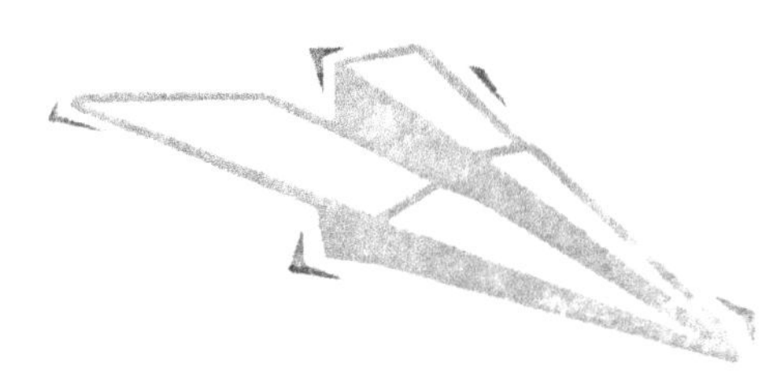

```
O L A G E R A Z G T F E Q U Q M O E F A
O R E C U R C N O R A P E R N A D O R T
H K W X S T B O U W A N X I G Z I P W S
S M T S P W A O T E S M P J D D B B R E
E K H G C I Y R G N V Y E E I K L V E U
Z X C Z Q W N T U U E O H Y J H I T G P
X M F A Y V U S G D H I O E S J S K M S
O E J G G E S O A J A C M T D E X Z E E
E M S O U O N E Z T A L R A I O D T T R
S S N S I C N C S L I T B B N J N A C O
T K P I M E A I O C I S L M T E W I C N
R A S A P S U D Z R U C F K A I R A C G
U X N N B O V A A A A A E S S P T B A R
C L P U F T T E E C N Z D F C Y N K N R
T X L V V E P E R F O T A R O H K E S E
U F A F P R W J N B N B E D A C A Z T E
R G U S T I O Y G T O D M N O R R A W M
A V N X N C O C A U E Z F E X Q X E J U
R K Q T J O J V K I J M O R B I W E C C
D E C L A R A C I O N D E W A W E N I Z
U B O A Q A M Y C C Z N H N G B W A N G
S G Y D F Q K B R T N J W B T J E Z W S
P X M Y Y D E M O T I C O C R E K A S M
J W X C L A V I C O R D I O K L G B R C
O J A B A R T A G R A D U A R U X O Z K
```

ACEQUIERO
APRISCADERO
ARRAIGAMIENTO
BOLAS
CAJONERA
CARABINERO
CAUSADOR
COMENDAMIENTO
DESCENTRALIZADORA
ESCOBA

ESO
ETICA
FAMILIA
FANGO
FRAGUANTE
INHOSPITALARIA
INUSITADO
IRREGULAR
LINGOTAZO
MALAPATA

MENORES
MONUMENTALIDAD
PALA
PERIODISMO
PRESIDENTE
RAPIEGO
REINGRESO
TIJERILLA
TRASDOBLAR

```
S H D A D X F A N G O A V Q O V O J Y E
E K A C T B X T R A S D O B L A R J N T
R D D I N H O S P I T A L A R I A S Z N
O T I T L E W M L P R E S I D E N T E A
N C L E T H U V F A M I L I A O H Z F U
E T A V G U W A Y B M F R F B P J Y N G
M I T Z T C A J O N E R A Q X T B Y N A
O T N E I M A D N E M O C T D V U L U R
V Y E S S E B D N T I J E R I L L A S F
L G M W Y L L W H O W P S R L G Q M R Y
V I U P A L A Z M X G Y O V E J E U L S
E D N P U G X L Y A H G W M M G J C O S
A R O D A Z I L A R T N E C S E D A N Z
A S M T W R C W B S I G X K T Q V U W A
O Z A T O G N I L B D J M F K O D S X R
O R E D A C S I R P A V G R U W E A V E
O M S I D O I R E P M J H A S P Z D Z I
S A L O B Y V C A R A B I N E R O O V N
O T N E I M A G I A R R A A B X N R I G
A B O C S E K J V L B N F F K X G U T R
A T Z L I R V F J S L N H U E B E K M Z E
L I R R E G U L A R N O T S J J P G L S
A T A P A L A M U N Y H O W W N T S R O F
E Q X V A C E Q U I E R O T I A H M B F
O G E I P A R Y I N U S I T A D O A B L
```

44

AGUANTAR
ALFOCIGO
ALMACIGO
APARENCIAL
CASTILLO
CETAREA
CHICALOTE
CINEGETICO
CLAQUE

CONMOVER
CUATRIDUANA
DENDROMETRO
DESCUBRIDORA
DETENENCIA
DISIDIR
DISPAREJA
LAVAMIENTO
LLENA

MALDAD
NOVEDAD
PIÑATA
PLEURITIS
POCO
PUES
SUBMARINA
TOPOLOGICA
TUBERCULOSO

```
K K W E P S E B A D A O Z R R A Q Z O D
R A V T D I U J N S R G N A V C E E G A
X D T O R T Q A A I O I R T L I I Y I D
H I H L B I A H U D D C G N P G R B C L
E S N A H R L J D B I O Q A S O C H A A
D P Y C M U C A I F R F W U E L C P M M
W A H I A E F Y R Y B L A G K O N O L W
J R D H P L K J T L U A W A C P N I A F
M E H C A P H M A A C K N V O O N I G W
W J P W R I C L U V S Y M U E T L A I D
H A S N E W T V C A E N I F C W G S L O
D N M M N W U X V M D P R K A S A G E J
I Y C X C N B Y Z I Y Q A W S C C E N T
S B N W I O E Y Z E V H Y E T Q I V A W
I K J L A V R Q M N P G Z W I N N H D M
D L O A L E C X T T H I Z U L Z E B E T
I S Q A F D U L L O X X Ñ R L J G C T P
R S X Z E A L Y N B E M K A O I E F E E
E P P P O D O D L Y B D X I T T T U N Q
S E S P X Y S W C U B F D L A A I C E I
S E U P G Y O I U S H H E R W I C X N E
P F N B F Q J F R V M C E Q L K O I C G
W M D S U B M A R I N A X U I A I W I O
M W S Q I D K D E N D R O M E T R O A F
R E V O M N O C C W R L L U Y U K G C Z
```

ABALADA
ALEATORIEDAD
ANGARILLAS
ARMONIA
AVILA
CARNARIO
CONCRETO
CONJURO
CONTUSIONAR

DECIMOCTAVA
DISIMULADA
ESCOCIA
ESTUPENDO
FECUNDIDAD
FUTURIZO
GOTA
INTERMEDIARIA
LENTAMENTE

MACARRONICO
MAXIMA
MIGRACION
NEGOCIO
REFRAN
TIENTA
TREMOSO
TRINCHERA
TURBIO

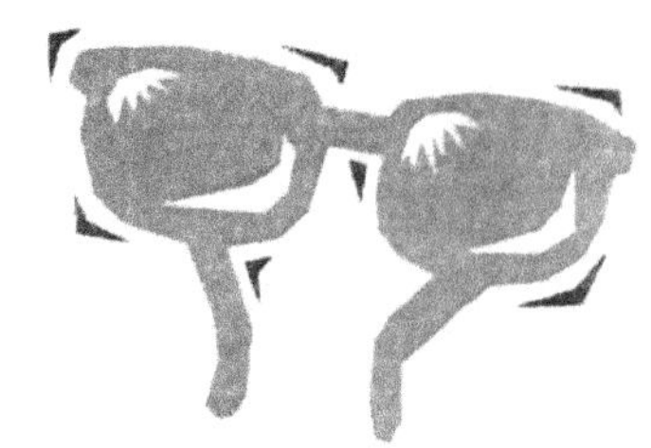

```
N N O O Q U M W R Q I O L D E I A O A A
M O D S V L R G G Y C E M L I N Y M T D
J I N O Y R W C M C N V A C E A A A E N A
X C E M V J A T A T S I S Q C C H S E L
Z A P E J X M N A R R Y A P A X H D I A
Y R U R B N O M O A N A N R B W Z K T B
J G T T L F E C I I D A R H U Z O V O A
S I S N Q N O D J A S O R T A G E S K R
N M E B T I E A L F N U B I M D M V J E
Q W B E B M L U U I Y B T N O M T B K S
Y G Y R R I M W C A F D I N V F S A L F
K J U E V I C O N J U R O P O M N U M E
U T T A S A G G I R C E N O N C A W Q C
V N E I P P A A P Q V E Q D S L N T A U
I P D H I R E Z D A R C A R E Q E M R N
Q M Y W I D E C I M O C T A V A I A N D
Q W Y L R F A L I N I C T N I X R A Z I
M Q L I G I Y M C E M O F F A E R U T D
M A N X C O U R N G R O U M H F P W O A
S S L O P S E M P I Z F G C E Z J W Z D
T E C G Q T P M E X C A N R X X W Z O M
O S V P O G B D I N I M G G W X W Z Y
E V W U J I A N Y C R A Z V R V E B D J
G O T A H D U U B T I H A R M O N I A R
O Z I R U T U F L N E G O C I O G T B J
```

46

ADESTRADO
ALTANERA
AMARILLO
AMORILLAR
ARTEMISIA
CERTIFICACION
CRECIMIENTO
EFIMERAL
ESCABROSO

ESTOVAR
EXCESO
HOMICILLO
JUNIO
MALMIRADA
MEDIATICO
MISTIFICACION
MONDRAGON
NUBADA

PASTELES
PINO
REFERIR
ROSTRADA
SALOMON
TERCERA
TOSTAR
VIRUELA
VITAMINADO

```
O S E C X E Z Z Y E R M B O R U R D O J
N O M O L A S C T A Y K N A Z D F R U Y
A L E U R I V C V Q A O T F X P Z N I U
G A E P G A M Z L W I S X D V G I R L V
K N X P P C X V S C O R T T Q O B K I U
S E L E T S A P A T Y C P I N O O T R E
W H L E F O H C C G M A L M I R A D A B
O T N E I M I C E R C A O I O M N R M P
G Y F V K F I S N W O L R C I B L O I X
K H R Y I O J D M E L Y K N E R A Z S G
O C I T A I D E M I Q G A U B E D R T A
C F R Z U U P E C S W D C K B F E B I G
G E V V R W N I L C O F B R J E S Q F A
C D A V J S M T S Z F H Y V L R T U I J
C E X X W O Y S Q T K H C X N I R N C F
V M R Q H I W A M O R I L L A R A U A B
E F I M E R A L C A P P L P M R D B C P
U O P G D E S C A B R O S O E F O A I B
A D A R T S O R V T O Q O N J R W D O N
A I S I M E T R A Z J D A V Q X N A N D
R C F I V U S I L F B T P Q X M I C V U
N O G A R D N O M F L A R W M B K O A V
C K V Q C H U G G A N Y L B S F P C J
O L L I R A M A B P S V E S T O V A R C
A R E C R E T S Z J P C G P A R N Z J E
```

ACHABACANAMIENTO
AFTOSA
CABEZCAIDO
CASSATA
CATRE
CORTITO
COTERO
DATARIA
DESGOTAR
ECLECTICA

ENCEGUECER
ENDOCRINO
ESGRIMIR
FAMILIAR
FLACIDA
HERMANO
INCIVILIZADA
MAGDALENA
PABLO
POSTERGACION

PRESERVATIVO
RETAZO
REUNION
REVOLUCION
SABOYANA
TORTOLITO
UREMIA
VADO

```
R A T O G S E D A N D P O F P E A N O Y
O V I T A V R E S E R P D N Z T G Z N T
N O I C U L O V E R J C A O W X X Y I R
A N A Y O B A S T U K A V S D T C N R A
N S A C H A B A C A N A M I E N T O C Y
O T I L O T R O T B F A M I L I A R O Q
U P O B B S U U W R E U N I O N L N D H
O C A B E Z C A I D O A Y A U X P S N G
O N A M R E H R C E G S D G E G D B E Q
E S O U N D Q K M N L A J R C H J K S E
M T Z A O O D F G O Z M F L A C I D A U
A L C U C F I J X I Z T A A P S S I D R
P C X F L O K C L O S A O G I J V X T E
L S I B B M T I A X L S T Q D R P K A M
T K Q T O M V E L G H B M E F A A Y B I
E R T A C I T W R R R A R R V L T T A N
D H C D C E X P I O N E E P W B A E N D
Y N O N O S L M K A Q C T D Q F G H N A
D C I Q H T I C F M E P S S T O C Z A A
K J A A S R I F E U O F G O O M L K G A
M T H S G Y T G D Q I S O A P H Y E Y A
J H Q S S C Q E R X C A I I R E B J X S
C N E B T A C R Z O F R Z K N Q R Q X K
Y K D E L N T S D V C V Q K J L U T V
A R N N E H A A I W D Z G Y M Q P I N C
```

48

ADMIRADOR
ALBUMINOSA
ARREPENTIRSE
ASENTAR
BUMANGUESA
CAMBERRA
CANCUN
CANOSO
COMPLETA
CONFECCIONADORA

CONGA
CUADRADO
DEGOLLADO
DIASTOLE
FILETE
GATUNA
GRANDIOSA
LATERO
LIVING
MANUALIDAD

MERCEDES
MILLAR
MILONGA
PLACENTARIA
PLAÑIDERO
SEÑORITA
TRANSVERSO
VIDRIO

```
E R Q E E M D N V Y B A B E O E A C E
S A P R C Z A S M A O N N L D Q S E T
R L L L J C S N T K T U S O A M O W E
I L G L A G O E U R Y T U T R S I V L
T I F N J Ñ L N A A I A V S D E D B I
N M L Y I P I N F U L G G A A Ñ N D F
E K X D M V S D Y E T I R I U O A S B
P B J O Z V I F E I C A D D C R R C Q
E C C F E L A L W R T C G A G I G O D
R I A R W O I H L N O A I Q D T M N Y
R R S R S I N B E Y B O U O L A M G O
A O I P Y N K S R A Y G K D N G G A V
D X P Z C W A N R F S U E U X A K M Q
F D C A N O S O O V E S V G X D L W
A R R E B M A C Y O D A U E O Z D O Y
S E D E C R E M D M L A D G U T Y D R
C O R E W E L A H B H D R X N Q T G B
X Z U H H A L C U S V X S I X A L T M
Z E H O T L G M U I K T X C M A M K U
A I G E O N I N D B G N N T Y D P U E
P B R G U N Q R O T T G Y B C X A C B
K O E C O T L U P L A C E N T A R I A
L D N S A L O F T G I M S Q S B Q I L
Y A A W Y A A R M V N M V J M Y P G F
C H A T W A Q M C H J Z Y G G J U P T
```

ALCOHOLIZADO
ANGLICISMO
AUTOMOVILES
AVENIDORA
BIGORRELLA
BURRIEL
CHAMPIÑON
CINGULO
CIUDADELA
COLORIDO

DESAJUSTAR
ENCAPILLADURA
ENTREPELADO
GORDINFLONA
HELADERA
IMPRESION
INJUSTICIA
LUMINOTECNICO
MASCULINA
PALIZA

PLASTECIDO
RELOJERO
ROBADERA
SOLTERA
SUBDIVISION
SUELA
TRANSVERSAL
TRASERA

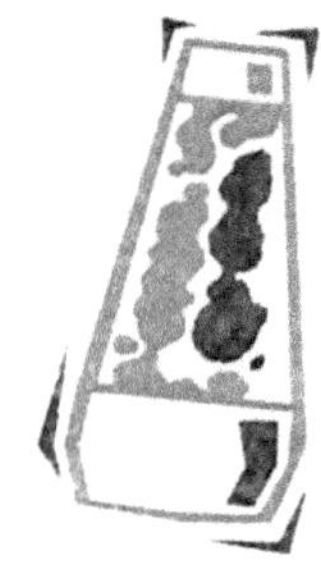

```
A A O O O J O U T B I L P H A I N D X D
R L D M H C D A M R T N W O L J V M A H
O E A S Z C I U K O A M J J E Q J L E J
D D L I S W R N K N Y N M U U X C F I F
I A E C J C O G C Y B S S L S O N C L G
N D P I A P L M T E B F U V H T N Y O C
E U E L A U O Y O T T O K O E E I R I T
V I R G N U C C D A V O L A Z R D C X J
A C T N E I T S R H Y I N X Y I S D I V
O N N A Z Z E O N Q Z D P I N Y O A A A
O R E J O L E R M A S J T F M E I E L I
L E I R R U B P D O N O L T T U F O K R
B I I A P G V O W K V O L Z W G L Z F W
M T Q M R L N D I R N I Ñ T G K J K V O
I L D R P U A J L A A N L I E L P V V S
K R R F X R D S I H S A X E P R I V V M
Y V L B B K E A T M L F R P S M A D K C
A Z I L A P U S L E A Y X E E J A H U S
A R A G E G H P I L C S C Y D H P H A L
A R E S A R T F Y O I I C V T A G E C R
O L U G N I C A L A N P D U B F L Y C B
R A T S U J A S E D Q L A O L P Z E D Q
N O I S I V I D B U S J W C W I F K H V
K A E Z Q L R O B A D E R A N S N F O Z
A L L E R R O G I B M X S G W E U A H Y
```

50

ALFORIZ
ALTARERO
ARTICULADAMENTE
BELLOTA
BENEDICTO
CAPTAR
CHALANEAR
DESINCENTIVAR
DESUSO

DUQUESA
ENCANTAR
ENGRUDAMIENTO
EVENTO
EXFOLIACION
FOTOFONO
GOLUBA
HERMOSEO
MASTOZOOLOGO

ODONTALGICO
OLEDERA
RECOGEDOR
RUBIA
RUMBOSO
SAEADO
SILABA
UBERRIMO
VELLORA

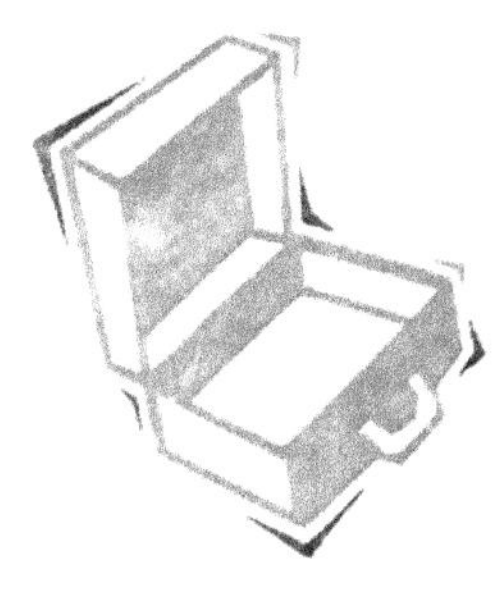

```
V O Z N C M O P S O E I E S I L A B A O
E T I H G A S F C C H T P B Q F Y Z B M
L N R E Q S O O X I S G X Q I M M K L I
L E O R Y T B T R G K D Y Q T R X G R R
O I F M W O M O T L B E N E D I C T O R
R M L O U Z U F C A L N C L V K V P Z E
A A A S O R O Z T C H A L A N E A R B B
B D R E I O Z N S N B K L L B G Q B R U
H U E O T L Y O R O Q N L X U W E O V A
E R O B X O A O P D Y E N O Q R S I Q B
S G D A Q G X Y V O Y B O L E D E R A K
T N J I I O G F D F T S Y Z D T D O F D
O E J E A R T I C U L A D A M E N T E E
I N S E X F O L I A C I O N S N G A K S
E I C V H C Q X L Z I Z A I T P B E H U
R A T P A C U G R U M T N T O K G U P S
R O D E G O C E R Y O C S H R H A S L O
R A T N A C N E J L E A V A A C L A S K
H L P K K V J R L N K E W M Q S T B Q E
V L P I R J U E T Z A V Q L A J A A L L
X R U B I A B I H D L E A U I B R D X H
O F Y S Z A V G S M P N X G S F E O C Q
Y Y B H L A G V H W X T H X H G R T I T
Q L Y D R D L M Z N G O L U B A O Y R Y
A S E U Q U D I J Z I N I X O A G B P T
```

ADULTERIO	DEFINIBLE	PELADEZ	
ALEGADORA	DESMIRRIADA	PROBLEMATICA	
ANOTOMIA	DOCIBLE	PURIFICAR	
BOTANICO	ENFERMEDAD	QUINTRALA	
CHILE	GEL	RICACHON	
CHOLO	HUELE	SOBERBIA	
CIMARRON	INDIVIDUALISMO	SOCORRIDO	
CLIMA	MONETARIO	TEXTUALISTA	
CONSUETO	NOVENTA	VIRUS	

```
P A D O C I B L E O J P E A A Y C
L R B L I K I M B Z B M L T I O H
G O O Y K N H F N P O V B S B K W
F D A B A R D V E R T R I I R A N
F A U D L L D S L E A V N L E N F
U G W Z U E A X D O N B I A B O O
S E P H G L M R V S I K F U O T S
T L U B O M T A T N C M E T S O K
C A R J F I I E T N O C D X M M P
O P I J V U L S R I I H R E Q I E
N E F Y O O J D O I C U C T U A X
S L I B P Y M E J C O A Q A E H G
U A C O Q U G S N K O S S D C G Q
E D A C M O P M I C A R S U J I X
T E R H O Y I I Z L L H R N R S R
O Z G H B X S R L I A I F I D I U
E L I H C M I R A O X U M A D D V
W R O N R I M I M U G D D A I O G
G Z C H O L O A F X K E M I A U K
A R Q Q B V T D B W M E P D V A E
F M Y S B U X A J R R H M P L I U
C D V P I Q I O E J C M Q S Q J D
I U N Q L S G F L E F B H D J P V
L E G V P T N D T I M T A H U E L
A M Z T L E K Z L L G X Q K F V N
```

ANGELOTE
BESUQUEAR
CAMELLO
CAMINO
CERULINA
COMERCIAL
CONTACTO
DELGADA
DESARREGLAR
DISPARAR

ENORMEMENTE
ESTERCOLIZA
ETNOGRAFIA
FANTASTICO
FONDILLOS
GAMBA
GASTRONOMA
INJUSTA
INVITADO
MACULOSA

NIÑITO
ORQUIDACEO
PASADA
PERFECTO
PINGUINO
RENDIDO
SECADOR
TRANSBISNIETA

```
D M A O O A A R O O R O A V E U V H O Q
E E T D D S T A N N A L N S U Y B U C K
S Q S I A O E R I I E L I L O T U S I A
A A U D T L I A U M U E L Q N L F V T T
R R J N I U N P G A Q M U Z L P L L S D
R R N E V C S S N C U A R A B Z A N A P
E D I R N A I I I M S C E W I I A Y T Q
G X W T I M B D P J E F C M C O C W N F
L M E J Z U S Q C T B S Q R A C K L A E
A G P L D S N E N O R M E M E N T E F A
R J E A D C A J I M M M Y K G W P B W K
O S P S S C R A D E O D A U A H T X K T
K V O E T A T B V C R I I W S D D K Q T
L D S T A E D O G E F O R J T R L G E D
W D L Q C M R A Y A Y O Q M R O V B D V
A D A G L E D C R I D X X T O I X Z P F
Q K P V A O F G O A K N U A N C S Q H O
F T N Y M Q O R C L C R Z C O C X Z M N
D H Q H S N V E E H I N B M V N R Z D
I H S X T T S T M P P Z A K A G I A P I
F O M E G D F I S L T U A O N W Ñ M L
N J W Z T O R Q U I D A C E O F I W L L
U A N G E L O T E U E U N O C G T N X O
O X R A L O F O W J P Y J K F G O J W S
G A M B A C O N T A C T O S J B U F I H
```

ABECE
ABSORVER
ALMOHADILLADA
ANGELINO
AROMA
ARTERIA
BARNIZADORA
BASE
BURATO
BUSCA

CAMBIO
CHOCA
CONFABULACION
DESCRISTIANAR
DESTAPADURA
ELLOS
ENFUNDAR
ESTATUTARIO
FLORECITA
FOLLAR

GITANESCO
GUAYO
LAVANDA
OROGENICA
PIANOFORTE
RATON
TIRITERA
UTILMENTE
VIRGINIA

```
A R E A E A F A D Y C S M F O O A
I A T D U C M T E J O J O P C I M
N D N A L I A I S V N A A Z S B O
I N E L A N N C T X F J U S E M R
G U M L H E G E A L A B F G N A A
R F L I Q G E R P L B L G M A C E
I N I D D O L O A I U A H Z T E Q
V E T A P R I L D L L V J H I W N
R E U H T O N F U I A T D L G W R
N C O O A N O A R M C I J F T A B
H O N M K T U S A H I A H J T Y Q
N K T L N F I E A T O Y C U K D E
D A K A O Q T R K C N O T Z B G C
W J R M R S K R Y S S A R U X X F
H E N O O W A J F X T U R E P T M
W D J L D L X B H S U A B D V F U
G Y L P L A Z I E V T X M V O R L
A E S O M B Z Q J O D L Q V M S O
N E F O A K Q I Z K P N K A E R J
A I R E T R A V N T Y L A V A N D
A R E T I R I T J R I X I Q E B P
E T R O F O N A I P A O A G S A E
R A O J X W U J Y V Z B X E N T L
J I O D E S C R I S T I A N A R V
B X F R L A K T K V D N M P A I U
```

54

ACOLCHAR	DIEZ	MEDICAMENTOSO
ALISADO	ENERGIA	METAS
ALUNAMIENTO	ENFOSCADO	MUNDO
BAJAMENTE	GALEOTO	OCIO
BRUSCADERA	GARGANTEO	OPINANTE
CENTIMETRO	HUACATAY	PERDURAR
CEREALES	INHOSPITALARIO	PINTURA
CHASCONA	JUGUERA	TIMPANILLO
CINOCEFALO	LATOSO	UVERAL
DESENFRENAMIENTO	LITROS	

```
K J M K L Q X P N P Q Y A Z C X O S
E B K V D H R Q Z D E A R B H C L O
E T N E M A J A B U Q T U T A G A R
O R T E M I T N E C E A T G S W F T
O L L I N A P M I T H C N Z C Z E I
H F V E W C M J V V U A I J O P C L
L A R E V U Q G N V D U P J N K O R
N Z O F X Y R J E W T H W Y A L N V
N T M E D I C A M E N T O S O U I C
H T H Y J G Y Z T C P N V A U G C Q
L W D E S E N F R E N A M I E N T O
O D N U M J D T C R K I G U S V T I
O D A S I L A U N F X X G F K Y R S
A F V L I W G A R G A N T E O A B M
E N P E R D U R A R A X R W L S R C
O D A C S O F N E P R G S A T T U V
M T H Q W U W T W W S K T T Z F S O
A L U N A M I E N T O I P G P M C Y
D E S L R H J P A C P V E A Z E A S
Y V X M K C N N V S Q S X L B T D U
S F A G J U P S O X C P L E T A E P
O S O T A L L H K Z H T X O C S R B
O I C O W J N C X L H S C T V I A K
E T N A N I P O W X N H B O W N Y L
E N E R G I A Z V F O H J I D I O H
```

Word List

ARQUEOLITICO	ESCLARECIMIENTO	INTRANQUILIZAR
ASEDIADORA	ESPESO	LENGUA
BARBA	EVOCABLE	MEJILLA
CALIFICADORA	EXORBITANTE	MULETO
COMPONENDA	FORRAJEAR	PEGAJOSIDAD
CORNER	GERMEN	PROTESICA
DEBAJO	GORGOTEAR	TRADICIONAL
DESVEZAR	IMPACTO	VERMUT
ENTREMEDIO	IMPREGNABLE	

```
C G C W L C Q M Q L O O R O U A E O
D T A T S A O K L M T T E S E D L I
E T I F F E N I V Y N E N E J N B D
S G C Y C J P O I Q E L R P A E A E
V O H Z X D T Q I T I U O S L N N M
E R Q F U K Y S I C M M C E F O G E
Z G D O R X C G M E I C O R R P E R
A O J R Q X Z P P Z C D B H N M R T
R T S R L R H A A W E O A H I O P N
I E F A P P X L C R R W J R N C M E
E A G J E V A Q T R A R A X T R I L
R R I E G I V C O K L O V I L A T R
B K F A A O U G I S C G J U O S N E
I U E R J U O Y U S S A B A R B A Z
F C W O O U W C N E E R G M H D C H
K A P Q S J D P I R I T H N E J L T
I U F F I F P S D T Q Z O D U J J T
G F T X D Q L W G O I A M R E T I Q
J U I D A Q M J D H O L C E P B Q L
O T N I D Z O A I R I H O X Z S A R
E T N A T I B R O X E U L E K Q M J
A R O D A C I F I L A C N T U E E R
I Y B A Y W J M V L W K E R N Q W R
E L B A C O V E Z K N Y P E T X R V
G P F D Y I N T R A N Q U I L I Z A
```

ALEVANTADIZA
ANOCHECEDOR
ASILAR
AYUNTADOR
BESAR
CADAÑAL
CHINGA
CONFIDENCIALIDAD
CONSUMO

DESCORREGIDO
ESPADILLADA
GASTRONOMA
INCLUSIVAMENTE
MALTEADO
MARIHUANA
MATAS
NARCOTRAFICO
OBRIZO

PERRUNA
QUECHUA
RASPANTE
REMASA
REPRESION
SOBRESUELDO
TATARANIETO
TOPOLOGIA
TREFEDAD

```
O Z I R B O A V X I N J M A O N A H G
W V X I S N I X V B M J A I C O N X M
A Z I D A T N A V E L A L G I I A G V
O T E I N A R A T A T I T O F S U D W
M Y R K Z K M O Y N L W E L A E H C P
O D L E U S E R B O S B A O R R I O S
I C Y Z P M T A X A B N D P T P R N K
N A Y G H E E R Y R A K O O O E A S D
C D C C K N R A E U A L M T C R M U E
L A X O Q F Y R N F N L I I R E P M S
U Ñ X N U V T T U O E T I G A I T O C
S A O F E G Y G Z N C D A S N R B G O
I L G I C G R E M P A H A D A Q A J R
V L A D H P L S Z H T L E D O S S S R
A Z G E U Q K P E U P Y T C T R C D E
M M O N A T S A C K O G S R E C E M G
E U I C T Y S D C A O N O W I D A V I
N H Z I P K S I U C J N U A K S O P D
T K G A M I J L A K O C T A A A O R O
E Z S L Y G W L F M J M A U Q V L K P
D J V I A T A A A R H U O G E O V F H
E T E D L C G D E F A E L H N F P M S
Q G S A Q K F A K C V A B C A I W M J
V Q B D N R O F V V K H E J J Y Y H I V
M A T A S G O I W V W W T A F O C W
```

ACALUMNIAR
ARQUITECTO
ATRIPEDO
CACAREAR
CAÑAHUECA
CAVIDAD
CEMENTAR
CHOTACABRAS
CONTURBADA

DISCO
EMPONCHADA
ESPORIFERO
FOGOSA
GUITAR
HURACAN
ILUMINISMO
INJERTABLE
MALEZA

MAPACHE
NEUROEMBRIOLOGIA
NUTRITIVO
PELASGA
REPRODUCTIVA
SEMIVOCAL
SOBERBIO
URNA

```
A K R E P R O D U C T I V A C W O A O G
I V F G D J F A L E T A H D O Q R N J J
G C L U S N X M T P D U O E A Q E R B N
O K Z R U M G C M R R P L K U D F U K C
L M Z T B R D D E A I Q J I H K I W T Y
O C D A X C V D C M E P T Q I H R V X H
I E A O Z W F A F L E E E N T Q O L A B
R S H Ñ Z E N C V L C N K D L I P P I C
B E Z B A O L F B T O Z T I O Y S C Q W
M M O I Q H W A O Q Y T W A R Z E H S G
E P Z N C P U Q M M S N X A R S Y O O F
O O U J J P H E Q M R N I Q M Y I T B Q
R N Q E I V E K C P U N S J G K G A E V
U C R R W D Y L U A M C G C P G C C R T
E H J T C I O Z A U E J Y I S Y O A B S
N A M A J S A S L S F A S V P V F B I E
V D F B M C N A C O G D N J F O H R O M
A A E L F O C H H R Y A O L G R W A G I
F Y N E H A G S V N H S P O D A C S F V
A D A B R U T N O C M U S S T W W X E O
X U B Z X A Z S O U Y A G W H L Y L B C
A B W O F R N D A S M A P A C H E J F A
R A T I U G K N U T R I T I V O A F M L
R A E R A C A C E C H V Z R T W S Y T M
B Q I L U M I N I S M O S W J P P K Q N
```

58

ABUELO
ADAMARSE
ALABARDERO
ANITO
APETITOSO
BASILISCO
BOCACAZ
CARDIGAN
CHIRIMBOLO

CONDENADO
EMPASTADORA
ESTAMINAL
EXPENSAS
FRAGURA
GLACIS
HINCHADA
MAJADERO
OSIANICO

PARASITO
PICHICATO
REFLECTOR
REFUNDICION
SERBOCROATA
TABON
TEATINO
TORDELLA
VISTOSA

```
E O W O Z O T A A L M I W A O S K V F K
S E L T A T Y D T A O Y B L S I W M W C
R O R I C I L A A N T T E L W C G E S F
A S E N A S S H O I T U Q E W A P S E G
M I F A C A W C R M B B Y D S L K Y B P
A A U I O R C N C A N S R R F G U H C I
D N N X B A R I O T L C J O Y C M L I C
A I D O N P E H B S H A Z T A E E I G H
I C I P T F F B R E A A B P C M N H J I
S O C V F F L M E W F G E A P V T Y B C
O L I Q W N E Q S H P T P A R X F Z Z A
B Y O J N X C H B M I Y S P V D L T L T
M S N O D K T X A T W T C H R R E P O O
C A E X J S O M O W A A F R G D K R V Z
Q Z J A V C R S X D V F D R W D J F O V
T F S A M U O J O U C O S L B C E I C X
F B S C D Y N R V H P Y D A C T M S V P
O X V K R E A H B B N P S A S H L B R S
L K Y I L A R Q U Q N E R G N N H S I R
J N B R S E X O T G U D J P C E E B H A
L N U H S T V Q M V I I R W O X D P E D
B Y Q D Y U O Y A G G L E B L O N X W
A R U G A R F S A T W P Y K V P Q K O E
N O B A T U V N A C H I R I M B O L O C
O N I T A E T B A S I L I S C O W H M
```

ADEHESAR
ADOLESCENTE
ALLENDE
APODO
BERGAMOTE
CASADA
CRIOLLO
DISTINTIVO
EMPANADA
ESFORZADOR

ESTREMECIMIENTO
HURGONEAR
INDIVISIBLEMENTE
INTERGALACTICA
JUGUETEAR
KIWI
LEY
MANCUERDA
MERCADOR
MULTIGRAFO

MUSEO
ORANGISTA
PASPIE
PLEITO
PROLONGAR
SELLO
TAPIN
TUNDIDO
ZAPALLO

```
K A O P R B R O A G S Y O R O W E R N A
W D Z M A X A F D J T J L T E B D Á I T
T A E W E K E A O N W Z L U S E N G P S
M S V V T H N R L C Y V A L U R E N A I
G A W B E A O G E E G P P I M G L O T G
I C R C U S G I S O M G A Q U A L L D N
O N A U G V R T C V O J Z O G M A O T A
M Z D S U A U L E W M J R J L O O R N R
U E M I J E H U N E P A A S E T B P P O
H U R S V Y Y M T J A P N O Y E J R A I
A X C C E I L J E U O D Z C J M Q D S X
F C S K A L S V N W B O A F U L T A P S
L T I X B D L I B C F A P N B E D M I Q
R Z P T A V O O B E R X W B A E R F E S
S O O Y C P U R B L N I L U H P S D T G
H U D V D A S F J T E Z O E G B M L A T
X W J A I E L T G O X M S L D S N E U I
C E E I Z T N A E Y E A E S L R N N L J
R U U S Q R N J G I R V G N R O D Y J R
O T I E L P O I F R A L V D T I M Q V U
X N Y D Y I S F T M E F T D D E P A B I
O D O P A X R P S S J T Z O Z J I K V W
T Q H K W L Q G G V E I H N A M O G Y R E
I W I K U J I M G Y Z D X I H G Y L Q U
G E S T R E M E C I M I E N T O D A Q T
```

60

ABEJONEO
ANALOGIA
APREHENSOR
BAMBA
BOLIN
CHAPULIN
DESCRIPTOR
DESOLLADOR
DIAMETRAL

ESCALOFRIO
ESCULTORICA
FLACA
HERMOSAMENTE
INAUDITO
LEVANTAMIENTO
LINARENSE
LOCURA
MORTIGUAR

OFICINISTA
PAJARO
PERGAMINERO
PESAS
POSTEAR
RADICAL
RESFRIADO
SEDA
TRAPENSE

```
L A E O O K S X A L E R A F X E R E E U
A T S R E R Q U B I J O C Y Y Y A K S L
R S N A N X C E M M X S A Y E H U P C V
T I E J O A G D A E D N L J H A G O A H
E N P A J R Y A B M T E F X P N I M L P
M I A P E L I I N O B H S A Z I T Q O Z
A C R T B S E I X E F E H C J J R Z F X
I I T W A D L V J G O R Z I R Z O Z R G
D F W P Q O S K A J K P S T N I M O I N
W O R V B X J Q X N X A V D A Z P R O K
A R U C O L T I G E T I K Y U X U T S T
R O D A L L O S E D F A I A M M I Q O C
Q G A S O L W C Y O T J M U N J T I H R
F F H J C F H R H S R A H I P G Z Z W Q
I S X B R E F J K A E E Z E E V N F W V
R A E T S O P M U C P Q N C A N G X E G
O E A P E S A S X C H U Z I Q E T E U V
D F I N A U D I T O J E L Y M H X O A V
Q K Z L L I N A R E N S E I P A R I R G
R B F C W F S E D A O T D G N H G A J I
T R S S H A Y O L T M C U D I O D R T K
E T N E M A S O M R E H A S L I N K E B
O D A I R F S E R S W A U A C F K L M P
A C I R O T L U C S E J N A J N V A V F
Y K N M X H X P D D C A L I J P O Q P L
```

ALBA	ESPONJA	OXIGENO
ARDILLA	ESTOLON	PERTRECHAR
ARENA	INSERTO	PERVERSION
ARQUIMESA	IRREVERENCIAR	POMPOSIDAD
CAPILAR	MARITIMA	RECUSABLE
CILINDRO	MINAR	SANGRE
CITOLOGA	MONITO	SIMBOLOGIA
CONTRAPUNTO	NARIZ	SOBERANO
DESCANSO	NOMBRE	TRACALA
DESCORRER	OPTIMAMENTE	

```
A N E R A E Z U R D A O A Z O U A
O M G A I F D V A A J T M I T U L
X X D H G T L Q I D N N I R R P A
I P N C O L K G C I O U T A E T C
G C N E L J E R N S P P I N S O A
E E I R O Q B Q E O S A R Q N X R
N K N T B T Y T R P E R A I I D T
O T W R M F Y J E M F T M O Q Z O
M X S E I W T O V O N N F O T I B
E N Q P S M I X E P B O S I S R N
O R D N I L I C R E Q C F R E E O
R A N I M V I V R E S T E M M L Q
J R O I T P A J I M X V S A O R P
B F J T C R M B M R R X M G Z J F
A S E M I U Q R A E E I A E M H D
O S A N G R E L P A T L S Q F U S
E V T O V W I F Z P O T B T Q S Q
D L X H A P N N O A O A V A V N L
J I K A A P W P I L N X C H S M U
C K L C I O P R O J I R H F Z U H
M K C A G V S N A J O Q C T U A C
O N A R E B O S A R D I L L A L Y
F S B P S X U D N P T J P L K B G
D E S C O R R E R E R F P C E W Z A D
J G J U P H O Q T Q B Q P B I Q J
```

62

ABOVEDADO
ADOPTACION
ARMERIA
AUDAZ
CACHETE
CALLANTE
CONSOLADORA
CUADRATICA
CUÑADO
DANZA

DEPOSITARIA
EVACUATORIA
HAMSTER
HIJA
HORADADA
ICONO
INFLADO
JESUS
LARDEAR
LEGADO

LUCERO
MANTECA
MASCOTA
MASTODONTE
MINIMO
MISMO
PACATA
TACOMETRO
TELESERIE
TRAGO

```
A E O O O E A O R R E A O E A D L L G
T T M G D T Z D E E T R R I I L H I O
O E I A A N N A N T N O E R R A L M H
C H N R D O A L X S A D C E O R B R B
S C I T E D D F S M L A U S T D H G P
A A M P V O K N R A L L E A E J P T
M C Y B O T F I D H A O O L U A C U Q
N G M G B S Q W Y J C S F E C R X R S
S K L B A A N W S R Q N Q T A Y J S N
J E S U S M V E U A C O Y A V U N Q B
P S E N R Z K Y Z J O C Y D E Z C V A
N I G K I X A Z J V F R R Z U U Z D W
T F C D E P O S I T A R I A A Y O P D
D R B X Q J B D Q K U J Q D I P K S O
A T A C A P M L R R Y A R H T C A R O
P T Q X G T Z W J V W A G A R V A N N
Z A D U A X M N V O T P C J C D O O G
O R T E M O C A T I Q I Q N A C O X M
O D A Ñ U C B F C M O L Q D I X W H D
M H W G D Z U A A N E M A L F T V B Q
A R O G G K G N P G D G K M M U U T Z
G C A B H V T K A V H E M I P K B L E
O S N I L E C D J T G G S L D O H S R
F O J K C L O D H V P M T N J L Y X M
D A Z A Q G E Q S D O D F V J X N Z Z
```

AFRICA
ALREDEDOR
ARCAICO
BASTARDILLA
CANALES
CROMATICO
DEBITO
DESMESURADAMENTE
DIVERSION
EMBOBECIMIENTO

ERIAZO
ESPINGARDERO
ESTATURA
FLOJURA
FUERA
LABORALISTA
LUZ
NECESER
NEGOCIADOR
NERVIO

ORIFICIO
PIMENTAL
PROTESTA
REPUTADA
ROSARIO
SENSIBILIDAD
SUPERDOMINANTE
VEAMOS

```
N B Z S L U V M F J P V N Q M L R K A O
G B T K M A D U H C Q E N H S L O M D I
E T N E M A D A R U S E M S E D D E A V
D A D I L I B I S N E S F Q S S E M T R
Y P Q W X P R O S A R I O C E B D B U E
E T N A N I M O D R E P U S C Z E O P N
R E S E C E N S V K K G T Q T G R B E T
C L I N A B P M O Y H E F L S I L E R U
D C A B U O B I D M Z F U E R A A C H V
E X X X U V A E L N A X L C J W Q I B D
B W A X L U S P E Y G E B R I C O M O C
I J X M A T T N S J M M V O E A R I P Z
T D P A B C A C P T S X F M H N I E I R
O R K G O J R A I C E S U A T A F N M O
W P R E R D D P N E B H A T E L I T E Z
A X F S A I I R G C V C F I S E C O N O
R B L T L V L O A A M Y R C Z S I E T K
C A O A I E L T R M U P I O V N O S A Y
A T J T S R A E D U T N C F K T X L D V
I Z U U T S M S E Z P O A Q M C Y T B V
C P R R A I U T R I E Z C V S V U R M
O V A A E O Q A O N I D P A L U Z L N Y
G J C H E N B X M W G S C H I K G Q O N
R M N E G O C I A D O R V F A R J S H B
S L E L L S A Z B T Q C U I B Z E F F A
```

64

ADONADO
APEGADIZO
ARANCELARIO
ATENDEDOR
BACTERIA
BLANCURA
BOLIVARIANO
BUENA
BUEY
CUERPO

DECENDIDA
DERROCHE
DESAPLICADO
DESENGANCHE
ENCERRADERO
EXPEDIR
FESTIVO
FONOLOGICO
INCALUMNIABLE
LECHOSA

LIBERTAD
MUSICAL
PROFESIONAL
RECOMENDAR
SALUDABLE
SEMANA
SOLAPA
SORTEO

O O U F Y U B S J S M S P U B U E Y O A
N Z J O F A R A N C E L A R I O E Z E D
A I C N F S T H N D L I B E R T A D T I
I D U O R J C J H B U F B Q J R J Z R D
R A E L V C D P R O F E S I O N A L O N
A G R O B U X Z U D Q P W F U H H R S E
V E P G O U Q F D E S A P L I C A D O C
I P O I E I B E Z A A N M I W X U D B E
L A B C K F H E Z F T T L L M R U E G D
O M O O Q H Y S U I O X I M Z X S S Q W
B R J X S M F S B A C T E R I A I E R U
A N A M E S W K Z J Y I E I B W A N F O
R I D E P X E B Z I I J T Z N L Q T G Q J
F R E C O M E N D A R Z N G A K E A H I
O D A N O D A Z Y R F L H U N S N N L B
L D H I E I T F E S T I V O C Z D C K Q
E A Q B V S A T N M C R S H U T E H P J
E L B A I N M U L A C N I F R P D E I M
L A C I S U M G M A A U L B A C O L E B
Y L R K K S B U Z B S D K R U A R Z V Z
A N E U B K Z O Y Q G O W Q S S R V O J
P S A L U D A B L E Z R H M C W X J D C
O R E D A R R E C N E O U C S X T I V O
Z K U N W V O D H S O Q V I E L D C K N
E H C O R R E D B W S D X S O L A P A V

ANFETAMINA
APOTEOSICO
CENTRIFUGAR
CURIOSO
DESAHUMADO
DINASTIA
DISCULPABLE
ELEGANCIA
EXTRAVERTIDO

FALLADO
INDISPOSICION
JUBILADO
LADRIDO
MISONEISTA
NEGOCIAR
OCHENTA
OFUSCAMIENTO
ORIGINALIDAD

PELLIZCADORA
PETROLERO
RENUNCIAMIENTO
REVOLCADO
SERIE
SIGUIENTE
TRABADOR
TRIBUTARIA

```
O V O O U O R A I R F R D N R E E O N R
T J D D Y R A T A Z I O A Q Q B G D O A
N H A A S E I N K D J D D P L A X I I G
E L M L U L C E S A Z A I X G T P R C U
I A U I H O O H Z I E B L Z K E U D I F
M E H B N R G C S T E A A O L N F A S I
A X A U P T E O N L L R N L O I V L O R
C T S J F E N E B Z A T I B U Q A F P T
S R E H S P I A G K X Z G F V Q V E S N
U A D B X U P N T A C V I L H O M O I E
F V Y O G L K B T A E A R A I E R T D C
O E V I U M T S D I I Z O M L E K M N J
D R S C J D I O R Y B B C E N C O R I W
E T S I U E R E T E S I G U A X O D A Q
T I B Y N A S W M O V A N Z S C H I T K
D D D O F P L S D S N C Q S I A R V R G
T O S K G R L A X C I O O S N A J W H E
G I A K F H L D I A D S O F T Y B L A R
M K Y M W L I A M A O E E U H G X S P A
L P S Q A N F I C I T T B X C W T Y I G
L H H F A N E L R O A I L G R Y U Q O M
Q T M S Y N O U P M R W U Q C X E E R W
L C T Z T V C A I T V E E E K J A O P W
R I K O E V D N H Q I I Z C R L E V R B
A Z X R I U A W C H O T D J T Z E K U A
```

ACHICHARRAMIENTO
ACIBAR
ACTOR
APOPLEJIA
BOINA
CANCHAL
DESCAPOTABLE
ELEFANTINA
EMULADORA
ENCAJAR

ENTRENADORA
ESCUCHAR
GREGARIO
GUERRERA
HIDROGOGIA
IMPORTANCIA
INTENCION
IRLANDES
MANDRON
MOHICANO

OCTUPLO
PASOTE
PORTALAMPARA
REPRESENTANTE
SALCHICHERA
SINGULAR
SUREALISMO
ULISES

```
M E Y A O G W C N O R A A A A L A S S O
A T D I T Z G U O M O N R Z I A R D Y N
O N M J N L V S R S T I E T C H O P O A
X A G E E L R D D I C T H A N C D E O C
Z T L L I R O O N L A N C G A N A S W I
I N O P M R R P A A N A I O T A N C B H
V E Z O A I V G M E F F H E R C E U M O
E S W P R A N D B R F E C Y O G R C I M
M E M A R X H T E U I L L X P U T H R H
U R J Z A M R F E S R E A Q M P N A L K
L P N J H O E Q Z N C N S C I C E R A N
A E O J C P L J I Q C A I U K M O T N N
D R D V I Q F P G C E I P V D N T H D R
O D F Z H N G F U K I Z O O Y N I B E P
R U C C C K W Q N T L D C N T D W J S P
A B C Q A E U W S E C Z S A R A S I E O
A R E R R E U G T P J O D O W Z B J V Y
A R A P M A L A T R O P G N R N K L W U
R A L U G N I S V J I O K H K E I R E F
O I R A G E R G A B G S U V O V R P D N
Q Z Q N K M W Q U I A C I B A R M M K C
B Q L M J M V Z A D K O O K W P J O H A
S E S I L U G O P A S O T E H H X N B B
N L G V K G R J M Z B O I N A S X D J F
W F R M Q L N S Y Y H S E N C A J A R X
```

ANCONADA
CALVA
CAÑO
CARACTERIZADOR
CHIRREAR
CIVIL
COMPRESORA
DESAGOTAR
EQUINOCCIAL
EROTICO

FEALDAD
FRENO
GLACIARISMO
GUAPA
HABIZ
INSECTO
LICENCIOSAMENTE
MANIFESTACION
MEDRA
ORDENADAMENTE

PERFIDA
REDOMA
REGISTRO
SIFILOMA
SUFRAGIO
UNISEX
VIADERA
VICIOSO

```
G W W U T N O T B K O Y X T F I B L V A
A D A N O C N A R Y R X F C A L V A G R
L A I C C O N I U Q E D V L W O O L L E
N O I C A T S E F I N A M K N H V Y A D
E S L S J W J E E R O T I C O I A R C A
E T N E M A S O I C N E C I L D F J I I
Z J F L C O R D E N A D A M E N T E A V
T J N B O O G D M P G D X P Z B V U R L
S H M T M B O R U H O R K J F B X G I S
M F Q V P M M T C N K I Z P N L T A S H
D W J P R L O Q C A I A G Y G M C E M G
S X F J E X D Q A E Ñ S J A W O M Q O H
Z C E S S A B U R Y S O E S R V D J E G
X B A D O R B R A P R N J X I F D D M G
W D L A R J O R C B K E I C X G U E M A
D L D M A O A E T L G F I Q C N T S Y N
A P A U G E K D E B L O U Q S D D A K Z
M B D Z R G X Z R K S O K G I E B G O C
B G K R D T C K I O Q S S B K F J W O V
A D I F R E P P Z B M N B H I J I T M V
S H F N X R W L A W A Y V I L E L A Q I
C F R E N O J X D B M H V R O I Z R T L
O R T S I G E R O C X F O I M L D F E W
A M O D E R F H R G Q A U L A L N N P D
J M E D R A M L T L X V A P U F Y Y U H
```

 **68**

ACODALAR
AGOTAR
ANCIANO
AQUILLOTRAR
ARBITRAJE
CAÑETE
CARREDANA
COLINDAR
CONSUMACION
CONTESTADORA

CUNDIDA
EDADES
ENCOHETAR
FABRICADOR
FALUCHO
FORTUNADO
FUNERARIA
GERENTE
HOGAR
LUNES

MENOS
NOTICIERO
OCRE
PRECEDER
RECATO
RESIDENCIA
REVOLVEDORA
SITIO
TARDE
VELAR

```
A A S A A O R Z H S W S E Y S X V Z E R
R R C N I N Q M B N J H S C R Z R R C A
O B E A C A S Y A E N J S S U O R B L T
D I I D N I V E L A R E E S D N N R E O
A T O E E C Z J C Y I D T A L I D G Y G
T R H R D N T B M E A R C N X R V I S A
S A O R I A T T T D X I A U E D B Y D C
E J G A S F E E E Y R G M R P R F Z Y A
T E A C E J Ñ S N B M R L O E U E U P U
N T R O R A N E A Q E E W L B N R G H B
O A O C C B M F N D L Y N R L J U O D S
C R E R F Z Y F E C Y I A O G F D F I J
F D M E E G C C L M O D F V S A Z T F K
C E R M P I E T W S N H B J N N I T D B
O Q E X H R C A T I E U E U D O C W Q C
N X V R P V C I L K V N T N T Q W N Q
S R O A M V A O T K H R U V A A A O P Q
U Q L D X X C N U O O N S L E R C J B K
M Q V O Z N C I P F N D Y A F P O B N J
A E E H A Q U I L L O T R A R V D P I I
C M D K U P V D K O B R S F O V A F Y Y
I L O Q K Q F A L U C H O H M X L I T V
O X R H E P R F A O L Z U H O B A N Q D
N T A L B R E C A T O R D U V C R U B Q
F D F L X X P N E S O V A D S N T U I V
```

ARISTOTELES
BOMBERO
BRIBON
CALETA
CARMAÑOLA
CENTRICO
COLINDAR
CONDICION
CONTEMPORANEA

DESDIBUJADA
EDIFICIO
ENRUBIADOR
ESPERADORA
FISURA
FUEGO
GRECORROMANO
INCONGRUENTEMENTE
LLUVIA

MORTAL
PARTURIENTA
PRODIGIOSIDAD
RECONFORTAR
RESIDENCIA
TELEFONO
TRAGEDIA
UNICOLOR
YUNTA

```
A I C N E D I S E R U G Y H W I U O L N
O C I R T N E C T Y B O M B E R O L A O
R A T R O F N O C E R G A I C F O V T I
E J I N H X Z P N E U N I C O L O R R C
N C N W O K O I A L S F Y Z Z X N D O I
R O C H I B V C I R Z P R U W E O U M D
U J O C O A I T O T T S E B N L K P Y N
B X N J A L P R A N G U Q R R T R U L O
I G G J V L R K B Q T H R A A O A A L C
A Q R K N R E P B L T E D I D D I J U J
D R U U M S S T N X U N M I E R O L V X
O Q E V C Z N C A Y I V G P F N O R I A
R H N Y E X U J A L P I T U O S T P A O
V U T N H Y F D O D O F Y O W R S A N Z
A S E N S D R C Q S A Q I W J E A A N Q
B G M Q E C Q F I K X J Z S L Z M N V O
N J E B E V C D B T U T E U O T G E K
C Y N I L D A A R R E P T B R R V Y F A
E U T K G D I A R L W O C R I F A T W A
B T E O R L G F E M T L O Q A D S V H Y
M L X U G E Y F I S A C Z P C J S B N A
S E I N D E O N I C E Ñ U P S H U E T C
W C B I Q N U R A R I O O C O O C C D T
M C A B O F A F G K A O Q L T G I M E G
P X L F Y Q D S R X J E B U A S L R V J
```

ABLANDATIVA
ABUELITOS
AFIJADA
ANTIPOETICO
ARREBATOSO
AUTOCINE
AZUCARADO
BARZA
CALEFACCION
CAUSA

CHISTOSO
DUPLA
ENVINAR
FISCALIZAR
GENESIS
GONADICA
GRUTA
ILEGAL
INTERROGANTE
LEXICALIZAR

MACHUCAR
ORIGEN
PERMITIDORA
RAYUELA
SANSEACABO
TAMARA
TRIO
VERAZ

```
M E H T L B B E C I V F E T R N A V
L N R O M N Z Y I Y V J K W X W Z E
H I F W S C A L E F A C C I O N R H
O C D F Z O S M N C J W X Z Z J A R
R O C Q T I T N E W L H C Y X A B A
D T F R L I F A F O E L L H A B E Y
R U P L Z I Y T B F D X R F M U K U
E A C U S W L O D E K S L L T E B E
H J L W O R I G E N R M H E D L P L
A V I T A D N A L B A R D X A I G A
Z G P S T V V E R A Z I A I L T G M
O C I T E O P I T N A T D C N O W M
I C Z V C H I S T O S O U A D S N O
I N T E R R O G A N T E P L V G C S
E F Y B P P F Z V R F S L I Z W D T
O D A R A C U Z A Y A X A Z U Q J R
H X R O Y P C F H P D M E A L E M M
A C I D A N O G E S B D A R Y I D Q
R A C U H C A M U D G L S T T S D F
Z Y D G R U T A M F G M A I A V D J
O B A C A E S N A S K E D B S D N H
K X V C A U S A E Z P O T U P E Z G
O E W M F E F Z R K R W C E N A N F
A D A J I F A E Q A R F X L P Q A E
I V C P D V H X X J D C G W I X G B
```

Soluciones Sopas de Letras

```
A G E R B . C A L A B R E B A . . . A .
O D U N S E D G I R O C H A . . . . A T .
S A D E N O M A T R O P V I C I O O E .
N O I B R O G . . . . . . . R G R P
. . . . . . . . . . . E . O C R
. D . . . V . . . N . . . C R U
. E . . . C . A . . . I . . I S T
. S . . . Q . . . S B . . . G . E
. N . . . C . A A . . . O C . S
. C . Q U I M E R I C O . S . U T
. E . O . A R . . . T . . L A
. R O . C . A . E . . . T .
. T E S . U . . . N . . . . U I
. A . S O . B . T . A C . . R Z .
. D . . N I . A A . . R . A . A A
. A . . E C R F . T . . U L D .
. . . . . . I I . . U . . . T O .
. . . . . . . L L . R . . . I
. . . . . . . . . I A . O . . . . N
R E M A T A D A . . . S M .
M O D I F I C A D O R . A
R A G S E S . . . . . . M .
. . R E E N G A N C H A R . . . .
E T N A T N A C . . . . . .
```



```
. . . R . A . R A . . O A . R . A
. C A . T . A R . . Z I A . R
C A H . R . 7 E . A P I T .
O N C . . O . I B . . T . J N .
N F N . B . T A . . A T G J A .
. T . A . . U . N . . U A E P P .
. R F . L . & . . O M . A R
A A . P . . . . . T . P . J
B . . E Z . A . . . I . R . A
B A N . . T . & . . N . . .
D . . . . . N . . . . . . .
. . . . . . . . M . A . E .
. . . . C A O . I Z . E . . A
. T . . O . R . J I A . . .
. A . . R . E D A . N . I
. . . . . . A A R . G . A . &
. . . . . T J . P . R O . . .
. . . . . E . A . E E .
. . R . . . J . V . . .
. . . P . . . . . . . .
. . A Z O P E N C O . . . . . .
A L L I C A T S O M . . . . . R .
O G O L O M O T N E C E R E C . L L A
```



```
R E D E C C A S E C U E S T R A D O R C
E L B I T R A P E R . . . . . . . . . O
A T A U G . . R E C R I M I N A R . . N
A R U T L U C I C I R E S . . . . . . C
R O D E O R V A L O R E S . . . . . . O
. A . . . . . N . . . . . . . . . 1
. P I N F A T I G A B L E M E N T E . D
. U . . . . . D . . . . . . . . . . E
. R A . . . . . A . . . S O B R E . .
. A . . . A . F A S C I N A R . . .
. M . . . C . . . . . . . . . . .
A I R O T C A F S I T A S . . . . . . D
. E . B . . . . R E . . . . . . I
. N . I . A . T . . . . . S . .
. T . . O T . . . N . . . . T
M O . . . U G . R . . A . R . . . .
O . . . C . R . E . . D I . . . .
R . E . . . A . T . . B A . . . .
I . S . . . . . F . O U . . C . .
B . . . . . . . . I I R . . R . .
U . . . . . . . . R A . I . . E . .
N . Q U E J O S A M E N T E C . . . M .
D . . . . R E G I S T R A D A A . . . .
O D A G O B A . . . . . F E L A D I Z .
. . . . . . . T E L E V I S I O N . . .
```



```
O M S I H C I T E F D E . . . . . . .
A I C N A N A G . . E S . T F . . . .
O T R O C I L A . . S R . N I O . . N I
A D A P O . . . . P A . E C . . S R N
R O V A F S E D . L F G . I I N . E E A
. . . . . . . E . A . E L . M O . R I T
A Z L A C C . B . . C I . A N P . I . A
. . . . U . R . . I M . N A S . E . A
. . . L . A . . A E . I R E . L
. . E . D . . . . M R . H I . A
. R . E O . . . I . D O . . D
. R . C . . E . U . . . L
. A . T . T A P I N . C . .
. . . . O . . . V T B . S . . .
. . . R . . A A O O E . . . .
. . . A Q . P . R . Z . . . . .
. . . D C U . V I . A . . . . A
. . . . O D A I . T . . . . P . .
. . . . A . C L N A . . . T . . .
. . . T . A . . O C . P . A
. . N . R . . . F E . M . .
. O . I . . . . . S R E . .
M . O . . . . . . O . N I . .
. . . . . . . . . S . T . . O . .
. . . . . . . . O A N U A R I O . .
```



```
. . . . . . A M O L L E C E R . . J D . O E . O
. . . . . . . . . . . . . . . . E A R . R E N
A S O R . . S O T A N O . . T . B O . . O
. . . . P U D R I D E R O N . N A B . . O T S
O N A I R E U Q C E B . E . O . R . . T S A
E L E M E C L U D . M . I . . T T . . S A B
A R E T R A C D . . A . C . . . N R . . A B
A U G A R I P . E C . A . . . O E . A B
R A R O C A B A O S R . . . . C M . . U I .
. . . . . . . R . U T . . . . . U I . .
. . . . . . P . G . R A . . . L N .
. . . . . . I . U . . . A C . . E F .
. . . . . C . A . . . . . M U . . N I
. . . . E . N . . . . . . A O . T N .
. . . R . I . . . . . . . R S O I .
A I C N A R E P M E T . . . . . . . A D .
E L B A R O X E N I L A N Z A R . . O .
. . . . . . . . E N V E D I J A R S E .
A D A L O T N E M M A L F A D A D O . .
O R B M O H O C . . G N O M I C O . . .
E T N E M A T S U B O R . . . . . . .
A L U D E R C N I . . . . . . . .
. . . . . . . . . . . . . . . . . .
. . . . . . . . . . . . . . . . . .
```



```
E R L O R O O C R I M I N O L O G I A .
T A A M A J T . . . . . . . E . . . G .
N E F S Z A N . B A R B I L U C I O . L
A R A I I H E . . . . . . . E . . . . .
L E R T A C I . . . . . . R . C . . . .
U D R A R A M . . . . . T . . H . . R P
P N A M S H A . . . . S . C A . . U O .
I E G G E C I . . . E . . . O N . . E .
R S . O D . R . . U . . . . N C . . . N
T . . D . R R C . . A . C M . . . . . .
. . . . . . A E . J . D . E I . . . . R
. . . . . . C J O . M . . N T . . . . R
. . . . . . . S S I I . A . T A . . . F I
. . . . . . E . N L . L . C R . . . . S
A J U G A F D I . . N . A . R . . . . .
. . . . I . S A . . . E . R C F . . . .
. . . . N . T . O R . . . . I . A . .
. A O . R . . . B O . V . . O V . H .
. . . T A . . . . E D . I . N . . . .
O R D E A C E D . . R A . C . . . . . A
. O . . N . . . . . B B . E . . . . . .
. . . . . O . . . . . . . I C . N . .
. . . . . . Y . . . . . . . A R . T .
. P I G N O R A C I O N . . . P . E .
N O I C A E R C B . . . . . . . . A
```



```
E T N E M A C I L B U P . O A . . O O A
. . . . . . . . . . . . . T D . S I Y T
V I R I P O T E N T E D . N A . U R O S
. . . . . . . . . . A . E R . B A H A
E T N E R E G . . . . S . I R . E S P I
O V I T A I P X E . . M . M E . R E E S
C A N C E L A C I O N A . A T . O P R U
A P O D A P R A G S E D . J . S P F T
. A . . O . . . . . O . U . A M E N
. . N . . T . . . . . T . . E C E
. . . . R A . E . . R . . . I
O H C A G O N . . I . P . . . G .
. . . . . . L I . M S . A . . . N .
. . . . . . . A T . O A . . . A .
A R O C E P . . C N . D C . . . . D B
. . D . . . O . G . A N . . . O O
. . . U . R . . G . C I . . . H T
S O T U A L A . . . . A . S H . . K O
. . . . H E . . . . . R . U A . N .
. . . . E . P . . . . . D . H . . E
. . N L I N A J I S T A . . . . . A .
. . T C O P E T A . . . . . . . . . H
. E . . . . . . . . . . . . . . . . C
A S O C E U Q A J . . . . . . . . .
```



```
. . . U . . . . . . . L E . . . R . . A
R . U . . . . . . . A T . . A . . R
. A O P . . . . C S N . . . L . . .
. . E R R . . . . U O A . . C P . .
D . N R E . . . L S V . Z E M . . . N
E O . A A U . . P . E . A S E .
R B A . T C C . F . S . N V J . . .
R S . C . S A I O . R . A A E O . A F
A C . . E . E M T . E . R D . . T
M U . . N . P . N . . . . . .
O R R E B O T A D A . A . . A . F . E
. . . . . E . U . . . . . . . .
. . . A . . . A . . L . . . .
. I . R . . A . . . . D . . .
H . . A . . B . A . . . . . .
. I . . C . . N . D M . . .
F . . . A . E N E . . .
. R . . . . D M . A N . . .
. T . . . M . N . A . . .
N . . A I L I M O N . . . . .
R A D R O H O B . . . . . . .
. . S A N . I O L F . . . .
```

16

```
R O . A . C . . . . . . . . . . . . . . . . . A
O C F C L C . . . . . . . . . . . . . . . . . A
D I A I O I N M O R T A L I D A D . . . . . . I
A T R T H R P E D U N C U L A D A T . D . . . I
C E R I B T . . . . . . . . . . . . . N . . . D
L O A L A E . . C . . . . . . . . E . . . . . U
U N G C R M T . A . . . . . I . . . . . . . . H
C . U O D O I . S . . . . . . . . M . . . . . .
N . I R I P E . P . . . J A . . . . . . . . . .
I . S P C O N . I . . . N G . . . . . . . . . .
. . T . A R D . A . E A . . . . . . . . . . . .
. A L . T A . . F R A V I A D O R . . . . . . .
. A . . N . T R . . . . . . . . . . . . . . . .
. L . . A . S A R . . A . . . E . . . . . . . .
. C . . . O F A . P . Z T . C C . . . . . . . .
. O . . . C A T . A . . I . S E N . . . . . . .
. H . . . D N . C . L . . N O U . . . . . . . .
. O . . . O O . O . E . T . T L . . . . . . . .
. M . R C B E N E F I C I O S A . N I . . . . .
. E A . . . . . N . S L . O . O . U S . . . . .
. T . . . . . I . A L . H . R . P . . . . . . .
. R . . . . . . R F . C . E . . . . . . . . . .
. O . . . . . T R . N . P . . . . . . . . . . .
. . . . . . A O . A . O . . . . . . . . . . . .
A V A E C E R T . G . R . . . . . . . . . . . .
```

17

```
H O N O R . . . O R G A . . T . A
O D A L L I O N E D I S I P U . . A
P . C E R O . . . A N I F E L . A
R . A . . . . . I R F A R C T P .
. . . . T . . . . C O T I C P R .
N . . . O . . . . M O S L R . U A
C . P . P . . . L O O I R . M T
I . E . I G D . N C P R A . A D
P L T . R A . E O E . O G . A E
A O A . R R . . C . . M . A E
L C L . E A . . T I . N A A .
. A L . D E . O . M . I P . A
. L A . U A . . T . . E A .
. S . . T A . I . . E A .
. . . . I . A . A . A T .
. . . . E . P B . P . C .
. . . . F . . C N P . . .
O T E L U H A . O I T I . .
. . . . . . . . . . . . . .
. . . . . A . F . . N . . .
O M A N I D . N . . . . E .
. . . . . . O . . . . . A .
O N E U D . C . . . . . . .
```

18

```
T O F . E . O . . . A O A E O . . . E .
R S A . T . N . . . T H I T A . . . J .
A O S . N . A . . . E C R N C . . A .
S L C . E . R . . . U E E E A . . S .
H U I . I . U . . . Q F R I C . . I .
U C O . U . H . . . B A S B M . . A P .
M A S . G . . . . R R I A R . . . P .
A M O . I . . . . O R T L U . . . . .
C . . . S . . . . H A A A D . . . . .
I . . . B . . . . E M S P . . . . . .
O . . . U . . . . A N T . . . . . . .
N I C . S . . . . R . I I . . . . . .
. . N O . . G . . R . . b . . . . . .
. . . C P . L . . O . . I . A . . . .
. S . E U . I . . D . . S L . . . . .
. . O . S L . S . A A . U I . . . . .
. H . C . T A . Q . Z N N . . . . . .
. O . . I . O T . U . A A . . . P . .
. C . . A . . I . V E R N B . . I . .
. E . . . . O . . V . A . R . T . . .
. J . . O . . . . A . R . A . A . . .
. O . G . . . . . C A L A M A C O C .
. N . N . . . . C R I N A D A . . . .
O D A R R E C N E C . . . . . . . . .
. M . . . . . . . . S E N O R I O . .
```

19

```
A D A L L I D O R O S H O A N A R
P A N O T N E C . P E A G D . .
A I N R U T . . . . O N T O I I .
A N O Z E B A C . R A R L N C E C .
R A Z I R A T I C T N I O E A J A .
. . . C . . . N I C N T . . O . . .
. B A . A . . A P U O E U P I . .
. A T . L . . L R L M P M A L .
. R E . C . . I E A . T . . .
. N S . U . . Z F D . E A T .
. I T . L . . . O . E P .
. U I . A . R . . . O . R .
. A G . D . A . . . E . . .
. D U . O . C . I N C R E A C .
. C A . R . . . . . R . . .
. H . A . O . . . . D E . .
. I . . T . . . . D E .
. E . . . E . . . . R . .
. N . . . E . . . . . . A .
. T . . . T . . . A C . .
. O . . . . . . . . N .
A C R A M . C . . . . I A .
. . A N T I C U A R I O . . . .
N O R R A F A G . . . . .
```

20

```
R O A N . . . . . . . O . . . . . O
A T N I V I O L E N C I A D . O . . D
M N A T R E C O N C I L I A C I O N . A
R E D E . O . . . . . . P . . . . L
I T N C R . T . . . . . I . . . . E V
F N A L . A . N O . . . R . . . . . V
N O B A . . R . E D . . T . . L E R
O C . C . . . U D V N . N . . . E R
C . . . . . B A E E . E . . . . N .
. . . . R R D . A . . . A . . . A .
R I U T I T S O S A A E . R . . . . D E
L E N A P . . . . I C I E T S . . O N
A N A I S E T R A C . T N C A S . R V
. . . . . . . . . C S S U R B . I
R I M U S . . . . . A . I I E S . U N
A C I N O M O N G R . R . N N . . S A
N O D A Z A . . G . B . I . . H . . G
. . . . . . A . A . T . . . . A . R
R A J E N A M . R E . . . . . . P A
. . . . . I B A . N . . . . I . E
. . . . E . P I C . . . . E . .
. . N . . I K . . . . . R . .
. . T . . A . I . . . . N . .
. O . . . . . . N . . . A . .
```

21

```
E M S I H C . . . . . . A R F F .
A D A L L I S N E . . G O . . . .
. . . . . . V U L C A N I O O D S U N
R O D A N I T A P . . L . A . .
A I P A R E T . V . S O T U C . .
R E C I U Q L A . I E . R F .
N . . . . . . . S T . E U M .
. O . . . P . Q . A C C I . .
. . I . A . U . T . . A R R .
. . C N . I . R . . A R R .
. . C A A . I . . . . C Q E .
. . A . L R B . . . . . . T .
. T . T . U E . . . C . A .
O . E . N . G . E . . A .
. R . A . . . A T . . A .
O . L . . . O X . . C .
. . . . . R . R E . . R .
. . . . . . P . . E . . A .
O F I C I A L I S M O . C F . . .
. . . . . . . . . . . S . R . . .
. . . . C U C H I L L A . O A T N .
A R R E P E N T I R S E . . L A E .
```

22

```
A . . . . . . R P U T R E F A C T I V O G . ?
T . . . . . . . . . . . . . . . . . O . .
S . . . . . . O . . . . . . . . . R . .
O C O V I U Q E D . . . . . . T U . . . .
. . . . . . . . A . . . . E . . . . .
E T N A U I H R E T E D . P L . . . . I
. . . . . . . . . . . I . E . . . . H
N O I C A L P H E T . Z . V . . . . P
E C C A M O R . . V . . I . . . . O
. . . . I N T E L I G E N T E . . G P
O R I S S L E B . . . . . O . I . A T
R I G L C N O C . . . . D . . . . N
. . A C H O C A D A P A T . . . . A .
A B U D A T C I L . . . . . . . . .
F U E R T E . . . . . . . . . . .
R A L L O R R A . E O . . . . . .
E T N E M A D A . N T E . . . . .
A C I R B A T N A C . . . . . . .
. . . P R O H I B I . . . . . . .
A Z L E U G R E V . . . . . . . .
D A D I N A V A I D . . . . . . .
. . R E C I P R O C I D A D . . .
R E T C A R A C . . . . . . . . .
```

23

```
. . A A A L R . T A C L A A A S .
. . L L R A A . E N S A Z S N .
A . L E O T Z . R A C R O E E . .
N . I V D C I . N R R S N F . .
. T A A I L . O R C N A C . .
E . S U F A . . L D U N A .
C . A R I S T . . I R F .
L . N A L . S . M A .
A . A U E . . . . .
S . C C C . . . . .
. . . . N . N . . .
. . . A . I . . .
```

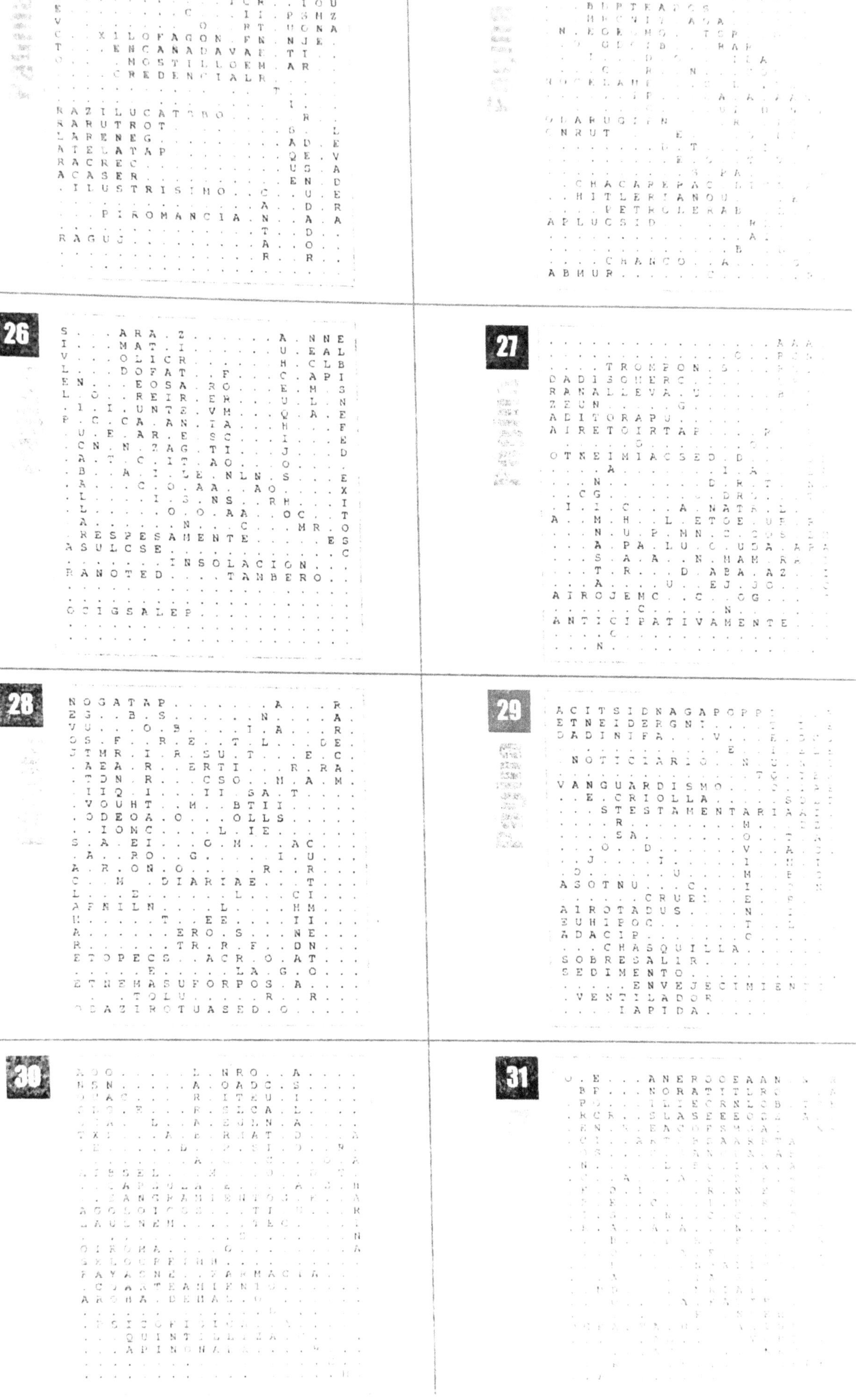

32

```
. . . . . . . A O . N A . . E . R .
A C I T L A F S A D E C . O H . . . A .
. . . T . . . L A L I . I U . . . R .
. . U . . . . B N A D . C T . . . R .
. . B . . . . A O F T . A L . . . A Z
. E D I . . . . T I S N . N O L . . H A
D . . U N . . . N S A E . I S F . . A C
. . . R V . . O T R C . M . V . E J A
. . . C G E . S N T A . O . A . S . T
. . . . A N R . O . T . D R N . T . E
. . E N . . M E I C . E . . I T . I . C
. . . T O . . A . S M M . . J A . A . A
. . . N J . . R . I A . . O R . J . N
. . . . E O . . I . M G . S . . E . A
. . . . M C . V N . I N O . . . . . .
. . . . . L . . A A . L O . . . F .
. . . . . . I . . M . I L . . L .
A I C I L A T I V N . . P . . T I . O .
A D A C N A P . . . E . . I . . U A Q .
R A J A R A B A . . . M . R . D U .
A C U T . . . . . . . . E . A . . E .
. . . . . . . . . . . F . . . . A .
. . . . . . . . . A N G E L . . . . D .
. . . . . . . . . . C L A N . A .
. . . . . . . . . . . . . . . . . .
```

33

```
. R . . . . . E N G A N C H O N . . . .
. I . . . . . . . . . . . . . . . . . .
. G . . . . . . . . N E C O R A . . . .
. R . . . . . . . A . D R A M A T I C O
. L . . . . . . . I . . . . V I G O R .
S E J A N O S P E P C S . . . . . . . .
. E . . P . . . . . P I O . . . . . . .
R . D P O . . . . A . L I . . . .
. P C . E . N . . L . . A V . . . .
. . I . F S . Z . A . . . T P
. . A . A . E . O . A . . . . I E . . P
. . N . C . . N . N . B . A . . P N A
. . O . E . . O C . O C E . Y . . S
. . T . M . . T A . S A B . U O . O .
. . I . . . . . . . N N . A C O S L . M
. C C . . . . . . . E T . M E R . E . .
. . A . . . . . . A C M O . E R P . L
. . . N . . . . . . R O O . . N I A . A
. . . . A . . . . . . E N M . . T N . .
A R U D A L L I P E C . T S . . E A
O N A D E M L O . R E A P P E T A P .
A C I N O I R T S I H . . . A J . .
. . . . . C H I C A N A . . . P O
A V I T P E C E R . . . . . . . . .
. . . . . . . . . . . . . . . . . .
```

34

```
A . O . . . E O . A N . A O . . E A R .
R . D . . . T E . G I . C S . M J N A .
O . A . . N R E E T . I E . E A A L . .
D . R . T O R L T O . R U . D P T J .
R . A . R R E M S O L . E G . O R C E .
N . G . A C C A T . A . I S . C . M R .
M . I . . E O C I . . L E . R . . P .
M . B . T N H C . . O P . I . . P M E
. . . . O I E O . . P A . L . A . . E
. . . . R T . . . . L . A . . . P
. . . A . . . A O D . . . . . . . . P
A R A M A C M A T E R I A L M E N T E R I
P . S . . . . . C N E V A R . . . . N C
P . U . . . . N . . . R . . . . . I P
O . T . . . E . . . E . . . . . . C E
M . I . L . N . . . B . . . . . . I P
I . S . M . E . . N . . . . . . . . E
C . E P S F R A N Q U E A M I E N T O .
U . N . A . . U R U D I M E N T A L
A . T . T R E Q U E T E . . . . . . .
R . E . . . O . . . . . . . . . . . .
. . . . . . . T . . . . . . . . . . .
. . . . . . . A . . . . . . . . . . .
```

35

```
. . . . . . . . . . . . . . . . . R N S
R O D A V E L E M E R A L D I C A A O U
A C I L C I C N E . . . R . . P T I C .
. . . . . . . . . . . . I T . . R U C U
. . . . . . . . . . . . . I . . O R A L
. . . . B R A N C A . A A . . P F G A
O T U A . . . . . . M . D . I S E
T R A S M U D A C I O N E . C A I .
O B E C A L P . . . . N . C D D R .
. . . . . . . . . . . T . U A N . .
. . . . . . . . . . . E . L M V .
. . . . . . . . C L U B . E E . .
O I R A T I S O P E D . . . B N . .
. . . . . . . . . . . . . R T . .
. . . . . . . . . . . . . A E . .
. . . . . A L E N T O S A . .
E T N E M A I R A L A F A R T S E . M
O C I F A R G O R E F S E . . . O A
. . . K A R M A B . . . . . . P T
A R U S N E C . U O . . . A E
A R E R A M A C . D . S . . B J .
. . . . . . . . . I . I . U R . .
. . . . . . . . . N . . T A . .
R A L B A H . . . . . O T O . . .
. . . . . L I G N I F I C A R . . .
```

36

```
. . R A . A . E R . . . . . . . A
. A M . R P L A . . . . . . . . A D
. G A E E R B S S O L O M I L L O . . A J
. O J N N O A O . . . . . . . P . J
. M O T A S S R . . . . . . E . B N
. S M R B I L N . . . . T . . A A F
. E . A . F O O . . . N . R . . A R F
. D . D . I B S . . O . A . . . E . N A
. O I . C M . B . R . E . E . N A
. V L . A E A A . Q . X . S . . . .
. I L . C E J L U . . . C . Q . D .
. L A . I R . I T . . R . U . E .
. L . O . S . I . R . E . I C N .
. O . . N T . . . V . M . A A U .
. . . . A . . . A E . D M N .
E T O C A Z A M . . A . N . O O C I .
. . . . . . G . T . R T I .
. . . . . . . . R O . A E A
A T E J R A T . . . . . O A . . R C .
O I R A S E C E N N I . . L C . O I .
R A I C N E I C N O C . . L S . O .
. . . . . V E L A T O R I O . I E N .
D E C A N O . T E L A . . . . . S D .
O R C S E T . . . . . . . . . . . H
```

37

```
M A L V A D A . . . . R . E O E . . A O
. . . . . . . . . . . A . T N L . . L D
. . . . . . . . . . . A . T . E E B . . J A
A I R A C L A . . . . S . L D E . . H N
. A . . . . . . . R . E . U O U . N A A
O M S I S E C N A R F N . N U M O . F B
. . . R . T . . E . A D I . P . A G N E
. . . A R . L I . C . . A . J . . N E
. . . O H . S B . B . A . . . J . C I E
. . P . C I E . B . L . . . . C I . . N
. . S . . I . A P I . . . . . A A L . .
. . M . . O . . O . . . . . A L T . .
. . N . . E . . . . . G T . . E R A .
. . I . R . . . . . U E . . . R A .
E T E I S I C E I D . . . U A . . D A .
. . . O . A L B I T A N A . . . M . D .
A T E L O I V . . . . A C D . . A A L .
S I S O M S O X E . . . T H I . . A
. . . . A L B E R G O . . R A J . .
. M I C R O S C O P I O . . . . A N E .
O C I M E L O P . . . . . . . . . S C
R A L F I H C . . . . . . . . . . . . A
```

38

```
D E S E Q U I D A . . . . . . . . O A .
. . . . . P R O Y E C T I V A . . . I J
E N V A S A D O R . . . . . . . . . R A
R I G U D O R P . . . . . P A R C E L A N
. . S O M . . . . . . . . . . . . . T
. . . . . . . D E S E M P A N A R . E T
. . . . . . . . T I J A . R . . . . F
O M E T I C I N A C E M . . . . . . C F
L A N R E V N I . . . M . . . . N E .
. A R G E T N I . . . . E . . N S A
A Y E R P O T A M O N O . . . O O T .
. . D O N R E I R . . . . N T E .
C D I C E R O L F . . . N P G . . . Z C
. . C . . O . . . . . . O A O . . A D
. A . . . S . O A O . . R F B .
. . E . . . I R I . . N O . H .
. . . L . A O H L . O . . . . H .
. . . . L T . . N S . . . . . N .
. . . A A . . O I . . . . . . .
A M A R G O R P . . . . L . . . . . . .
L A T N E M I C . . . . . M . .
```

39

```
A T . . . . . . . . . . . . . O A . N .
A T N . . . . . . . . . . U . I F E .
N . . L E T U R A . . . B . R I G . .
E H E R B O R I S T E R I A . U R . .
I A . . . . . . . I . . I . . F N . .
P O R . . . . . . . . . . . . . A . .
A . S O . E M P O T R A R . . . . A F
N . . N D P L A N . A . . . . . . A .
I U . . C T . L . A . . R . U .
U G . . S N . U . R A S .
. O . . S . I F F . S . T I T . .
. T . U H . N D V . L I . R M A . .
. R . L I . O N R E A . M I . . B
N H . . F R A . I O I T R I . A A R
E N . R I R . A R I I . R . . . . .
L T . . D . P J A . R A . N . . . A .
A K . . U . . . . N . . . R A G . . I .
K . . . . Y . F B . . . . H A . U . .
. . . . . . R . O . A . . . . .
. . . . . T N . . O . . . . . !
A R . . A P E R T . . . . . . . . . .
```

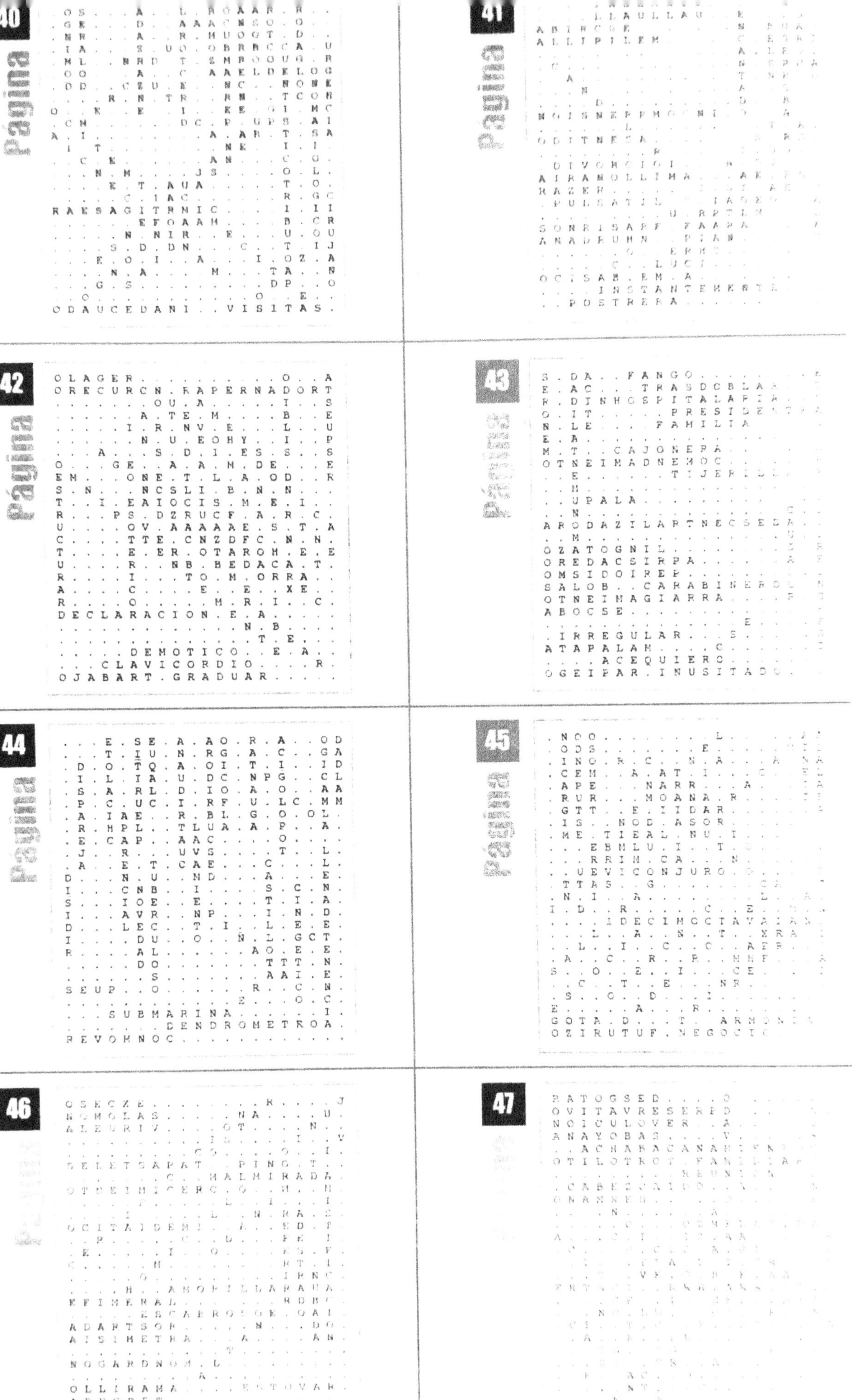

48

49

50

51

52

53

54

55

56

```
OSIRBO . . . . . . . . NAONA . . .
. . . . . . . . . . . . AICON . . . R
AZIDATNAVKIALGIIA . . RC
OTEINARATAT . TOFSU . . P
. . . . . . . . . . . . KIAEHC . P
. DIEUSERBOR . ADRKIO . A
IS . . P . TA . . DPTPRK . N
NA . . . E . RYK . . OOOEAGDT
CD . C . RAKUA . TCRNUEE
LA . CQ . RNEND . . R . . HB .
U . NU . . UQETIA . . . OC .
SA . FE . . NCDASNR . GO .
ILIC . . E . AHADA . A . R .
V . UH . 5 . . FDOS . SRR
VA . EU . P . . . CTH . E .
N . . NA . . A . . . RE . . HGB
NE . . . . D . . . . O . DA . I
R . . I . . . I . . . N . . SO . D
T . A . . . L . . . O . . A . RO .
F . L . . L . H . . . A . . . . .
. I . . . AA . . . G . . . . . .
. . D . . . D . . . . N . . . . .
. . A . . A . . . . I . . . . . .
MATAS . . . . . . . . . . C . . .
```

57

```
A . REPRODUCTIVA . . CA
IG . . . A . . . HD . RN
GC . . . . T . U . A . E .
L . . . . . CPP . . HDF .
O . . . . . KAI . . . . . .
GC . A . . . CMPT . . . RV
IAZA . . FEE . . . . . A
PNE . N . . . CN . . . . .
BEE . AL . . TC . . . . .
MHIHA . . . . . AI . . . .
EPN . . N . . . AK . . . .
PNE . PE . . N . . . . . .
UCPDP LAM . . . . . . .
HHTIAD . . . . . . . . .
NAACLS . . . . . . . . .
D . D . A . C . . . . . .
AIL . . . . . . . . . . .
. EA . . . . . . . . . .
ADAERITN . . . . . . . .
. . . . . . . A . . . . .
. . . . . . MARACHE .
RATIUS . NUTRITIVO
RAERACAC . . . . . . .
. . ILUMINISMO
```

58

```
E . . OZO . AAL . . . AOS . . . .
S . . TAT . DTA . . . LI . .
RORICI . AAN . EL . C .
ASENAS . HOI . U . E . A
MIFACA . CRHB . . D . L . . P
AAU . OR . NCA . . R . G . . . C
DNN . BARIOTL . O . . . . C
AID . . PEHBS . A . TA . E . H
. CI . . F . RE . . BP . M . . C
OC . . L . E . . EAP . . . C
. I . . . E . S . T . AR . . A
. O . . . C . . IS . D . CT
MN . . T . T . . . E . O
. A . . O . OA . . . . . R . .
. J . RS . D . . . . . O .
. A . O . O . OS . . . . . .
D . R . . . DAC . . . .
V . EA . . . AS . . . .
I . R . . . . R . NN . .
S . . O . . D . . EE . .
T . . G . . I . . DP .
O . G . . . . . NX .
ARUGARFSA . . . . . . OE
NOBAT . NACHIRIMBOLOC
ONITAETBASILISCO . . . .
```

59

```
. A . . R . ROA . . . . O . O . ERN
. D . . A . AFD . . . . L . ECACT
. A . . E . EAO . . . . L . SENGP
. S . . T . NRL . . A . . RENA
. SA . . E . OGE . . . P . MG . . .
IC . . U . GIS . . . A . AL .
. N . . G . RTC . . Z . MA .
M . D . U . ULE . M . . . . .
. E . IJ . HUN . A . . ET . .
. . RSV . . MT . A . NYE . .
A . . CEI . . E . D . C . .
. C . . ALS . . . A . U . .
. . I . DLI . . . N . E .
R . . T . . OOB . R . . AER .
. OC . C . R . LI . HF . .
. DV . A . . EO . . M . .
. . AIL . L . . MSL . .
. . ZT . A . . AE . L . .
. . . RN . G . R . N . C .
OTIELPOI . R . . . TI .
ODOPA . . . SST . C . .
. . . . . . . . EI . N .
IWIK . . . . . . D . I .
. ESTREMECIMIENTO . . .
```

60

```
LAEOO . . . A . . RA . . . R . E .
ATSRE . . . B . . OC . . AS .
RSNAN . . . H . . SA . . U . C .
TIEJO . . . A . DNL . . G . A .
ENPAJ . . B . EF . . IL .
MIAPEL . N . HS . . T . OF .
ACR . B . EI . . E . C . R . F .
IIT . A . LV . . R . R . OR .
DF . . O . A . P . . IM . O
. O . B . . N . A . . . P . O .
ARUCOL . T . . . . . T .
RODALLOSED . A . . . . O .
. . . . C . O . M . . . . R
. . . . . H . R . I . . . .
. . . . A . E . E . . .
RAETSOP . . . P . N . N . .
. . PESAS . . U . I . T . .
. INAUDITO . . L . M . OA .
. . . LINARENSEI . A . IR .
. . . SEDA . . . N . GA . .
. . . . . . . . ODR .
ETNEMASOMREH . LI . E .
ODAIRFSER . . AC . . . P
ACIROTLUCSE . NA . . . .
. . . . . . . AL . . . . .
```

61

```
ANERA . . . RDAOAZO . A .
O . . AI . . AAJTHIT . I .
X . HG . . IDNNIRR . AI
I . CO . . CICUTAE . CN .
G . EL . . NSPPINS . A .
E . RO . . EOSAR . N . R .
N . TB . . RFEPA . I . RN
O . RM . . EN . TM . . OMEC
. EI . . VO . N . . IBTI
. PS . . EP . O . . SRNT
ORDNILICR . C . REEO
RANIM . . R . . EML .
. . . . . RR . MG .
ASEMIUQRAEEIAE .
. SANGRELP . TLS . . .
. . . . . I . FTB . .
. . . . P . O . A . .
. . A . . L . . S .
. . C . . O . . . A
. . . N . . . NAC .
ONAREBOSARDILLAL . E .
DESCORRER . . . . A .
```

62

```
AECOOEAO . REAOEA . . . . A
TIHSDTZD . ETRPIIL . . . I
OEIZANNA . TNOERRA . . . E
CRHRDOAL . GADCEOR . . . E
OCITEDLF . MLAUSTD . . . M
AAR . VON . ALLLEAE . . R
MC . . OT . I . HAO . LUA . . A
. . B . . . C . O . ICR . .
. . AA . . . N . TA . .
JESUSH . . . . . . . .
. . . . . . C . . C . A .
. . . . . . . . U . D .
. . DEPOSITARIA . . . H
. . . . . . . . ID . I . . O
ATACAP . . . . . . T . RO
. . . . . . A . A . AN . .
ZADUA . . . T . . DC .
ORTEMOCATI . . . .
ODANUC . CMOL . DI .
. . . . AALE . A . .
. . H . TA . I . . .
. . IED . . . S .
. . J . C . . M . .
A . A . . . O . .
```

63

```
. . . . . . . . . . R . A
ETNEMADARUSENSEDREAV
DADILIBISNES . . . . .
. . . . . ROSARIO . . .
ETNANIHODREPUC . . . .
RESECENS . . . . . . .
D . . . B . N . FUERA . .
B . . A . . A . C . .
B . . L . Z . ER . .
T . . P . A . . O . .
O . . CRI . . A .
. . ERDDPN . A .
A . FSALIE . A .
R . ITLV . A . .
C . GAIFIR . I .
A . JTRAP . .
. UTS . E . CA
PRA . TS . .
AA . O . AO . .
N . . . . . .
NEROCLADOS
```

64

```
O O . F . . . . . . . . . . . . B U E Y O A
N E . O . A R A N C E L A R I O . . . E D
A I C N . . . . . . L I B E R T A D T I
I O U O . . . . . . . . . . . . . . . R D
R A E L . . P R O F E S I O N A L O N E
A G N O . . . . . . . . . . . . . . . B E
V E P G . . . . D E S A P L I C A D O C E
. I P O I . . . . . . . . . . . . . . D . D
. L A . C . . . . . . . . . . . . . . E . D
. O . O . . . . . . . . . . . . . . . . .
. B . . . . . . . . B A C T E R I A . E .
A N A M E S . . . . . . . . B . A N .
R I D E P X E . . . . . . . . I . T G .
. N E C O M E N D A R . . . A . E A .
O D A N O D A . . . . . . . . N . N N . .
. . . . . . . F E S T I V O C . D C .
. . . . . . . . . . . . . . . U . E H
E L B A I N M U L A C N I . R . D E .
L A C I S U M . . A . . . A . O . . .
. . . . . . . . . . . S . . . . R . .
A N E U B . . . . . . O . . . . . . .
. S A L U D A B L E . . H . . . . . .
O R E D A R R E C N E . . C . . . . .
. . . . . . . . . E . . . . . . . . .
E H C O R R E D . . . . . . S O L A P A
```

65

```
O . O O . . O R A . . . R D . . . O N R
T . D D . R A T . . . O A . . . . D O A
N . A A . E I N . . . D D . . . . I U
E . M L . L C E . . . A I . . P R C U
I . U I . O O H . . E B L . E . D I O
M E H B . R G C . T E A A . L . A S
A X A U . T E O M L . R N L . . L O
C T S J . E N E R . . T I . . . S P
S R E . . P I A . . Z G . . . . I E
U A D . . U P . A C . I . . . . S I
F V . . G L . T A E . P . E R . D C
O E . I U . S D I . . O . L E . N I
. R S C . I O R . . . E N . . N I A
. T S . E R E . . . . G U . O . A
. I . N A S . . O . A N . C . I
D D . O . . D . N C . I A R . .
. O S . . . . A . C I O O S N A .
H . . . L I A M A Q E E U . . .
. . . . A N . I C I T T B . . .
. . . F A . E L R O A I . . .
. . . S . N O U P M R . . .
. . T . T V C A I T . . . .
. I . O E . N . . . . . .
A . . R . A . . . . . . .
```

66

```
. E . A O . . . N O R A A . A L A . . O
. T . I T . . . O M O N R . I A R . . A
. N . J N . . . R S T I E . C H O . . A
. A . E E . . . D I C T H . N C D E . C
. T . L 1 . . . N L A N C . A N A S . I
. N . P M . . A A . A I . T A N C . H
. E . O A I . M E . F H . R C E U . O
E S . P R . N D . R . E C O . R C I M
M E . A R . T E U . L L . P . T H R .
U R . A . . E S . E A . M . N A L .
L P . H O . . N C . S . I E R A .
A E . C . L . . C A . . . . . N .
D R . I . P . . I P . . . . H D .
O . . H . . U . . O O . . I E .
R . . C . . T . . . N T D . S .
A . A . . . . C . . . R A . .
A R E R R E U G . . O . . B .
A R A P M N A L A T R O P G . . L .
R A L U G N I S . . . O . . . E .
O I R A G E R G . . . . . . . . .
. . . . . . . . I A C I B A R . . . .
. . . . . . . . A . . . . . . . . .
S E S I L U . . P A S O T E . . . . .
. . . . . . . . . B O I N A . . . . .
. . . . . . . . . E N C A J A R .
```

67

```
A D A N O C N A . . . . . . . . . . A
L A I C C O N I U Q E . . . C A L V A R
N O I C A T S E F I N A M . . . . A D A
E . . . . . E R O T I C O . . . . G A
E T N E M A S O I C N E C I L . . J I
. . . . . C O R D E N A D A M E N T E A V
. . . . . . . . . . . . . . . . . R .
. . . . M . O . U . O . . . . . . I S
. . . . P . . T C N . I . . . . . S .
. . . R . . . . C A I . G . . . . M .
. . F . E . . . A E N S . A . . . O .
. . E . S . . . R . S O E . R V . . .
. . A . O . . . . A . N . X I F . D .
. . L . R . . R C . . I C . . U E .
. D . A . A . T . . I . . . S . . .
A P A U G E . E . . O . S . A . .
. . D . R . . Z R S . . I . G . C .
. . . R . . . I O . . . . F . O . I
A D I F R E P . Z B . . I . . T . V I
. H . . . . A A . L . . A R . L
C F R E N O . D . H . O . R . L
O R T S I G E R O . . . M . .
A M O D E R . R . . . A . . .
. M E D R A . . . . . . . .
```

68

```
A A . A A O . . . . . . . . . . . . R
R R . N I N . . . . . . . . . C . R . A
O B . A C A . . . . . . . U O . . T
D I . D N I V E L A R E E . D N . . G
A T . E E C . . . . I D T A . D . . G
T R H R D N . . E A R C N . . I . A
S A O R I A . . T D . I A . E . . D .
E J G A S . . E E . R . R . R . A
T E A C E . - S . B M R . E . E . .
N T R O R A . E A . E E . . N . G . .
O A O C C . F N D . . N R . . U O . S
C R . R . . E C . A O . . O D F I .
. D . E E . C . O D . S A . T . .
C E R . I E . S N H . N . I . . .
O . E . R C . I E . E U . O . . .
O . N . V . P . I L . N T T . . .
S . O . . O T . R U . A . A . . .
U . L . . C . O O . L . R C . . .
M . V . . . F N . . . . . O . . .
A . E . A Q U I L L O T R A R . D . . .
. C D . . . . . . . . . . . A . .
I . O . . F A L U C H O . . . L .
. O . . . . . . . . . . . A . .
N . A . . R E C A T O . . . . R .
```

69

```
A I C N E D I S E R . . . . . . . L N
O C I R T N E C . . B O M B E R O . A O
R A T R O F N O C E R . . . . . . T I
E . I N . . . P . E U N I C O L O R R C
N . N . O . . A . S . Y . . . . O I D
R U . O C . B . C R . P . U . . M D N
U . O C . I . O . T . E . N . P . N O
B . N . A . R . N . U . R R T R . L C
I . G . L . B . T . R A A O A . L C
A . R . . E . . E D I D D . . L U .
D . U . . T . . N M I E . O . V .
O . E . . . A . I G P . N . R I .
R . N . . A L . I . O . T . A O
. . T . . . O D O F . . R S A N
. . E . . C . S A . I . E A A .
. . M . . . I . J . S L . M N .
. . E . E C D T . T U E U O . E .
. . N . D A A R . E . T B R R . A
. . T . D I A R L . O . R I A . .
. . E O . G F E M T . O . D . . .
. . . . G E . F I S A C . . S . .
. . . D E O . I C E N . . . E . .
. . I . N U R . R I . O . . . D .
. A . O . A F G . O . L . . . .
. . . . . . . . . . . A . . . .
```

70

```
. E . T . . . . . . . . . . . A . R .
. N R O . . . . . . . . . . . Z . A .
. I . . S C A L E F A C C I O N R . Z .
O C . . . O . . . . . . . . . A R I I
. O . . . T . . . . . . . A B A L L
. T . . . A . . . . . . . B . Y A E
. U . . . B . . . . . . U . U C G
. A . . . . E . . L . E . E S A
. . O R I G E N R . E . L I L
A V I T A N G A L A B A R . Y . I . A F
O C I T E O P I T N A . D C . O .
. . . C H I S T O S O Q U A . S .
I N T E R R O G A N T E P L . . . P
. . . . . P . L I . . . . E .
O D A R A C U Z A . A . A Z . R N .
A C I D A N O G . . A R . I . I
R A C U H C A M . . . T T . . N .
. . G R U T A . . . . I . . A
O B A C A E S N A S . D . . . R .
. . C A U S A . . . . . E . . .
. . . . . . . . R . . . N . .
A D A J I F A . A . . . . . G
```